サクッとわかる ビジネス教養
行動経済学

秒懂行為經濟學

從人性下手，掌握非理性消費，行銷無往不利！

阿部誠 Abe Makoto 著

謝敏怡 譯

〔前言〕

重視人類非理性面向的「行為經濟學」，是理解人們所有消費行為的有利工具。

在我寫下這篇前言的現在，也就是二〇二一年三月，新冠肺炎（covid-19）席捲全球，疫情仍然不見明顯的好轉。在「自律」和「居家防疫」等字眼充斥著新聞版面的狀況下，消費者的經濟活動陷入停擺狀態。尤其在日本，原本預計會帶來巨大經濟效益的東京奧運也被迫延期了。灰暗的新聞充斥著各媒體版面，社會氣氛低迷。

從微觀的視野來看，公司獲利降低，上班族遭到減薪或領不到年終獎金；中小企業遵守政府停業的呼籲，營業額歸零，每個月的營收幾乎都是赤字；許多人的生活頓時被打亂，生計受到嚴重的衝擊。在手頭上「金錢」逐漸短少的情況下，一毛錢也不能浪費。我們必須重新思考既有的金錢觀。

希望本書討論的主題「行為經濟學」，能對思考這個問題有所助益。有別於過去所謂傳統的經濟學，行為經濟學是建構於消費者實際行為的學問，關注於人們「非理性的」面向。了解自己非理性的面向，應該可以減少浪費，**避免不必要的支出**。

了解消費者的行為，也能**大幅改善行銷的效益**。

另一方面，行為經濟學所帶來的益處，並不僅限於理解消費行為。在疫情嚴峻的當今社會，行為經濟學也備受各行政單位和企業的矚目。比方說，間接促使他人採取行動的**「輕推理論」，能有效預防過度密集的群聚行為**。

理解行為經濟學，無論是對消費者還是生產者都有好處，也就是說，對任何人都有益處。我衷心期盼，本書能為所有讀者帶來幫助。

阿部誠

目次 CONTENTS

第2章

充滿人性的捷思法

第3章 決策的機制 展望理論

第4章 把理論應用到行銷上！行為經濟學的應用實例

第5章

行為經濟學的新星！輕推理論

第6章

商場上也很實用！行為經濟學的應用

關於「金錢」

例如：

被廣告煽動

看到自己喜歡的藝人
為廣告代言，
就算是不太需要的商品，
也會產生購買欲望。

新上市!!
真的超好喝!
呀~
買!買!買!

我們的日常生活，就是持續不斷地做決定。尤其是與金錢相關的決定，對任何人來說都非常重要。

但是，跟「金錢」扯上關係時，我們真的可以對於未來的事，做出深思熟慮且理性的選擇嗎？失去理智而衝動購物，或是明明考慮再三，卻因為投資或賭博而失利，這些讓人懊悔的經驗，想必大家應該都體驗過。

為了盡可能減少後悔的次數，首先必須了解人的決策習性。

例如：

忍不住買了收銀台旁的商品

在超市等候結帳時，
不自覺地把陳列在收銀台旁
的電池或餅乾放進購物籃。
不知不覺就……

不知不覺就……

你真的做了最好的選擇嗎？

福利品！
限定色款！
銷售突破兩千萬台!!

例如：

衝動消費

受到網路廣告或購物頻道的
「福利品」和「限定」等字眼
所吸引，等到回過神來，自己
已經把商品放進購物車了。

行銷

管理

學習行為經濟學的3大好處

自我實現

了解人們「決策習性」的第一個好處，就是可以深入理解銷售商品必備的「行銷」知識。「行銷」可說是行為經濟學的別名，對商業推廣非常有幫助。

另外，理解人們的行為傾向，不僅能導正人們的行為，對下屬的「管理」和自身的「自我實現」也很有效果。

因此，行為經濟學是能夠應用於各種不同場合的學問。

1

R-2
飲料
有9成
的客人選擇
R-2飲料!!
沒錯!
這個東西
竟然這麼
厲害!

行銷

理解人們的決策習性，就可以理解消費者購買商品的心理。如此一來，自然能抓住消費者的心，製作出有效的廣告，找到準確的促銷手法。

2

大家都
願意幫忙!
這樣啊,
好吧……

管理

行為經濟學的理論，對於管理同事或員工也很有幫助。比方說，需要協助時，只要掌握對方願意提供支援的方法，就可以提高對方答應請求的機率。

3

自我實現

行為經濟學的理論當然也能改變自己的行為。有些人明明有必須努力的目標，卻經常受到眼前事物的誘惑，導致無法達成目標，但只要知道自己為何會受到誘惑，便能找出對策。

目標!
一天用功
一小時
先以
這個目標
來努力!

第 1 章

從基礎學起！

知道就是賺到行為經濟學的概念

本章將為各位解說，行為經濟學的發展史及其基本概念。「行為經濟學」著眼於人們不完全理性的行為，針對人的心理與情感面進行分析。行為經濟學的理論非常實用，就連政府單位也經常運用行為經濟學的洞見，比如新冠肺炎對策分科委員會裡的成員，甚至包含了日本的行為經濟學權威人士。

傳統經濟學的思維

人的行為是理性的！

但實際上，人的經濟行為
也有不理性的時候！

為什麼？

▼

這造就了

心理學＋經濟學
＝行為經濟學的誕生！

理論 1

人的行為在無意識中受到操控？

看似自主性的行為，其實是並沒有想太多？

在便利商店或超市等待結帳時，可以看到收銀台前的地板上有箭頭標誌。在疫情擴大的情況下，要求顧客保持社交距離的標誌也愈來愈多。當我們看到標誌，就算店員沒有強烈要求，甚至前面已經大排長龍，我們也會乖乖排隊，跟前面的顧客保持距離。

但是，如果沒有箭頭和標示線的話，情況會變成怎樣呢？大家未受到引導，各自思考，擅自行動，可能會為了到底有沒有插隊而吵架，甚至形成密集群聚的狀態。也就是說，我們因為箭頭和標示線，不自覺地選擇了符合店家期望的行為。

像這樣，人們自以為是自主性的行為，**其實是在無意間受到了某些資訊和意圖的影響**，這就是我們人類的真實面貌。

我們很容易不自覺地把陳列在收銀台旁的電池放進購物籃，這也是人的行為在無意識中受到操控的好例子。

理論 2

什麼是經濟學上「極度理性的行為」？

找到便宜又好看的禮服之後，努力減肥的女性，開始為參加婚禮做準備。
禮服
$00000
好看又便宜！
但是尺寸有點……
為了穿得下那件禮服，
我一定要瘦下來！
拚了！

傳統經濟學認為，人的選擇經常是理性的

人們的無意識行為，是以過去的經驗做為判斷基準。依據以往經歷過的成功和失敗、喜悅和後悔、預期，在腦中進行綜合判斷，最後再決定採取行動。

但我們不會刻意思考，大多時候都是**大腦擅自進行判斷**。像是駕駛汽車或附和對話等，沒有思考時間時，大腦就會幫助我們做出適當的反應。

傳統經濟學是以「人的行為是理性」概念為基礎展開理論，其定義是：「**人的行為和選擇，經常是極度理性、高度自律的**」。

也就是說，傳統經濟學認為，人們能夠從各種不同的選項當中，立刻選出效用最大的選項（極度理性），並衡量現在和將來的利益，以將來可獲得的利益為最優先（高度自律）。

比方說，購物也是一種決策。選購要穿去參加婚禮的禮服時，會在網路上多做比較，買下價格最便宜且品質最優良的商品，然後再開始減肥，讓自己穿得下那件禮服，這就是理性的行為。

傳統經濟學理論一直都是以「**人類經常做出理性的選擇，以最大化自身的利益**」做為前提。

理論 3

人的行為未必是理性的

我今天有跑步，應該沒問題！
喘～
乾杯！

無法自我克制

一次買兩件禮服會有折扣!?
你不需要兩件禮服吧……

忽略了「根本不需要兩件」這件事

自我放縱、飲酒作樂，還被第二件禮服所迷惑。之前所做的事先評估和慢跑等種種努力，不就白費了？

人其實是不理性的動物

前文提到，傳統經濟學認為「人的行為是理性的」。但果真如此嗎？我們真的經常有意識地追求理性嗎？

明明應該要準備考試，卻跟朋友跑出去玩；工作截止日就在明天，原本打算回家以後繼續把工作完成，沒想到一回去倒頭就睡。大家是不是覺得這些經驗似曾相識呢？

這個為了參加婚禮而做準備的女性的例子，也是一樣的道理。原本要購買一萬五千元的禮服，但在看到「兩件一萬九千八百元」的折扣廣告後，一不小心就買了兩件。明明在減肥，卻以「我今天做了很多運動」為藉口，吃下高熱量的食物。這些情況都很常見。

就算價格再划算，也只能穿一件禮服去參加婚禮，根本不需要另一件。買了不必要的東西，**並非傳統經濟學所假定的理性行為**。

而且暴飲暴食的舉動，很明顯會讓運動的努力付諸流水。這正是沒有自制力，也就是無法自我克制的行為，跟經濟學理論的假設相距甚遠。

就像這樣，人們可能會在不同的時間、場合，做出不理性的行為。而且不是只有「**明知如此，卻做不到**」的情況，認為自己不理性行為是正確的（或是有利的）例子並不少見。

理論 4

追求理性，經濟學的極限

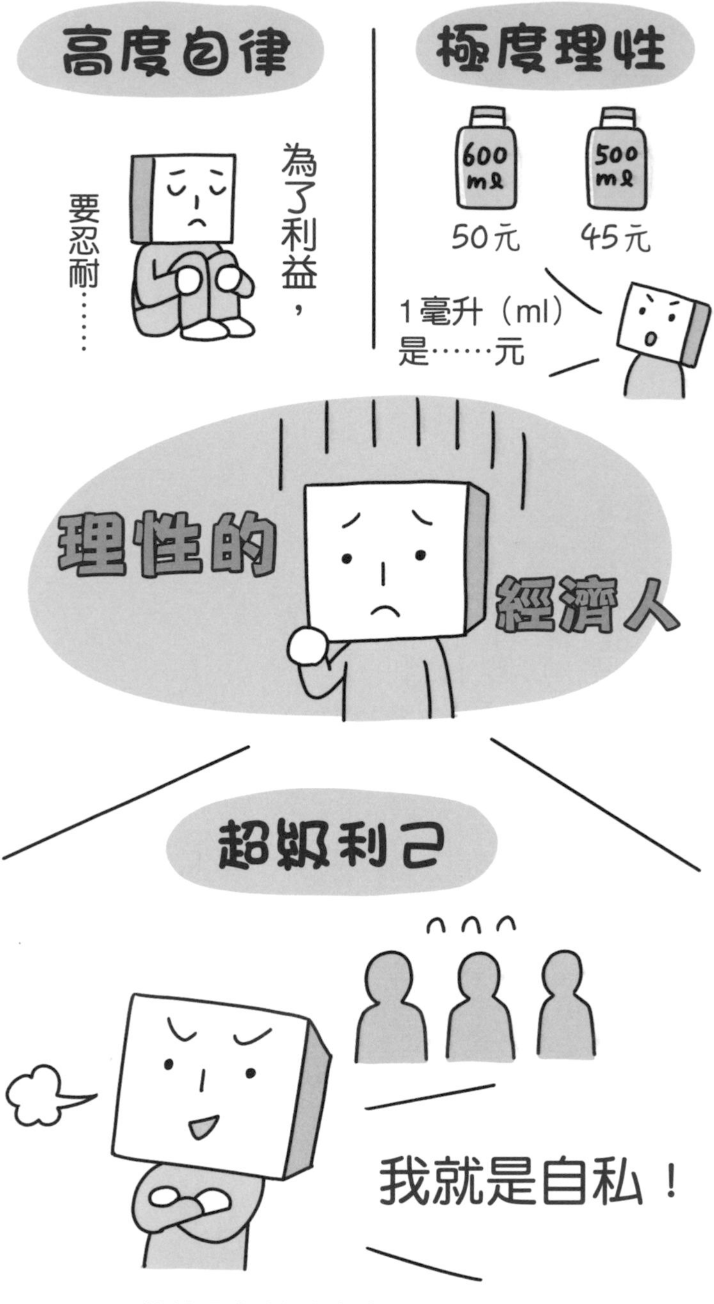
高度自律
為了利益，
要忍耐……
極度理性
600 ml
500 ml
50元
45元
1毫升（ml）是……元
理性的
經濟人
超級利己
我就是自私！

就算是想做的事也要忍耐，仔細計算商品的價值，凡事都要對自己有利。這就是傳統經濟學理論的假設。

經濟學的理想與現實有出入這就是人的真實面貌

除了極度理性、高度自律之外，傳統經濟學還有一個假設，那就是「**超級利己**」。

也就是說，進行決策時只考慮自己的利益，只要不傷害到自身利益，就算採取的行為會對他人帶來不幸，也無所謂。自私自利聽起來好像是反社會的行為，但是從經濟的機制來思考，應該就能夠理解。有別於提倡平等分配的共產主義，日本這種資本主義國家是以自由競爭為前提。企業為了將公司的利益最大化，生產並販賣優質的商品；消費者則偏好購買便宜且品質最好的商品。在這當中，需求與供給達到平衡，決定了商品的市場價格。需求高的人會投入相當的努力，因此企業和消費者只要「為了自己」努力，最終應該都能達到最理想的狀態。

於是，傳統經濟學者將這種依據極度理性、高度自律、超級利己等等三個行動原則進行決策的人，定義為「**經濟人**」(homo oeconomicus)。

現實上，人們的行為未必符合這個假設。有時候，人們會買效用（效益）並非最高的商品。像是明知不戒菸的話，罹患肺癌的機率很高，但是當香菸近在眼前時，還是忍不住抽了起來。或是就算知道利益最大化的方法，卻還是得顧慮周遭人，因而選擇了別的選項。

也就是說，**傳統經濟學的理論，無法說明人們為何採取那樣的行為**。

理論 5 新學術領域——行為經濟學登場

適度的自律
偶爾這麼做，沒關係啦！
適度的理性
600 ml
500 ml
50元
45元
哪一個都可以吧！
行為經濟學人
適度的利己
朋友也很重要！

比起經濟人，人類表現得多少有點隨便。而新登場的行為經濟學，正是關注這種「多少有點隨便」現象的一門學問。

彌補傳統經濟學缺失的學問

「行為經濟學」的登場，解釋了人們的行為與經濟學理論之間的矛盾。

有別於過往傳統經濟學的經濟人假設，行為經濟學的特徵是**以人們的實際行為做為建構理論的基礎**。

傳統經濟學是採用演繹法的學問，以預先定義好的標準行為做為基礎來展開理論；相對於此，行為經濟學則是採用歸納法的學問，是從人們的實際行為來建構理論。因此，行為經濟學是透過實驗和消費者問卷等形式，蒐集資料並進行研究。

這樣的研究手法，能輕鬆捕捉到消費者的行為動向，因此備受行銷領域的矚目。

此外，行為經濟學是以有違經濟人假設的矛盾行為做為研究對象，因此更加實用，也是**適合應用於商業的學問**。

行為經濟學所假定的人類形象，「稍微」偏離了過去傳統經濟學一直以來所描繪的理想狀態。因為是適度的理性，因此有獨自的基準，比方說，不太仔細思考商品的價格和價值。自律的行為也是大概有做到就好，偶爾會順從自己的渴望。此外，利己也是適度的，採取行動時，不只考慮自己，也會考慮到其他人。

關注到傳統經濟學沒顧及的面向，這就是行為經濟學。

理論
6

行為經濟學＝心理學＋經濟學

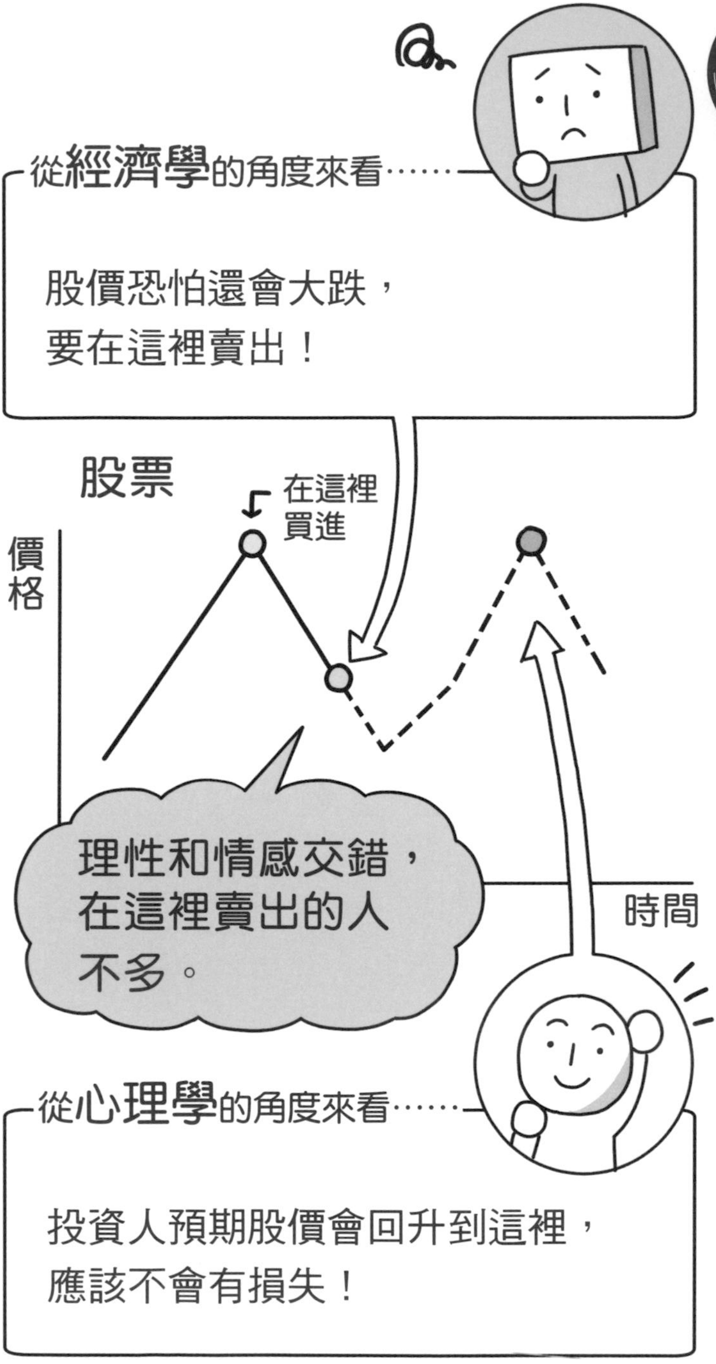

從經濟學的角度來看……
股價恐怕還會大跌，
要在這裡賣出！
股票
在這裡
買進
價格
時間
理性和情感交錯，
在這裡賣出的人
不多。
從心理學的角度來看……
投資人預期股價會回升到這裡，
應該不會有損失！

補充心理學因素，可以說明經濟學的矛盾之處

新登場的行為經濟學，並未完全忽視傳統的經濟學理論。而是以經濟學論證的理論為基礎，從人類特有的思考方式和習性出發，檢驗人們的實際行為。因此，**行為經濟學也被稱為經濟學和心理學的綜合體**。

以股票投資為例，行為經濟學的混合型態應該顯而易見。

傳統經濟學認為，當反映公司業績等狀況的股價下跌時，所有持股人理當馬上賣掉手中的股票。但如果加上心理學的因素，則會考量投資人預期「股價應該還會再回升吧」的心理。其結果是，並非所有持股人都會賣出，仍有部分人留著股票，持續觀望。

像這樣的案例，**在我們的日常生活中隨處可見**。

思考一下傳統經濟學所假設的市場供需曲線。

一般來說，價格降得愈低，消費者的購買意願愈高（＝需求）。

但是，並非所有商品都符合那樣的原則。

最具代表性的例子就是名牌精品，它們的價格比其他相同類型的商品高出許多，消費者卻還是爭先恐後地搶購。「對於取得高價的東西，會產生特別的欲望」，這個心理是受到威卜蘭效應（Veblen effect，參見p.79）的影響。

理論 7

行銷大師講明了！「行為經濟學就是行銷學」

從人們的實際行為孕育出新理論

行為經濟學誕生於一九七〇年代中期。一般人對於這門學問應該很陌生，但行為經濟學有多麼受到矚目，從此領域的**三名研究者榮獲諾貝爾獎**一事就可以窺知。行銷學的巨擘菲利普・科特勒（Philip Kotler）也這樣說道：

「行為經濟學只不過是『行銷學』的別名。過去一百年來，行銷學依據經濟學的理論及其實踐，孕育出新知識，並對經濟體系的運作機制做出了貢獻。」

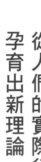

行為經濟學的諾貝爾獎得主

理查・塞勒
（Richard Thaler）

二〇一七年獲獎。塞勒提倡「輕推理論」（Nudge Theory），認為用手肘輕推般的推力，就能改變人們的行為。

羅伯・席勒
（Robert Shiller）

二〇一三年獲獎。研究違背傳統經濟學假設的異常行為（anomaly）。

丹尼爾・康納曼
（Daniel Kahneman）

二〇〇二年獲獎。提出展望理論（Prospect Theory），預測人在不確定情況下的行為。

用淺白的方式來說，行為經濟學是從「經濟學所建構的理論」和「實際行為」中所誕生的新領域，從學術的角度，闡明行銷學一直以來所實踐的事情。

也就是說，**身為消費者，我們每天都在接觸行為經濟學**。日常生活就是連續不斷的決策。因此，意識到自己可能做出不理性的判斷，熟知該怎麼做才能做出理性決策的知識，變得相當重要，而行為經濟學能提供我們線索。

後面的章節將解說各種行為經濟學的概念，例如：極為忠實地描寫人們決策過程的「捷思法」（Heuristic，參見p.30）和「展望理論」（參見p.84）等等。理解並對決策機制有所意識，不僅能夠幫助自己做出理性的行為，也是通往事業成功的捷徑。

第 2 章

充滿人性的

捷思法

本章將深入探討，學習行為經濟學一定會接觸到的重要概念——「捷思法」（Heuristic）。捷思法是一種能加速人們決策過程的思考程序，通常是依據自身經驗尋找出最佳手段，因此也稱為「簡捷法」（Shortcut Method）。捷思法的最大特徵就是快速判斷，在不需要深思熟慮的情況下，捷思法能夠幫助我們快速做出決定。但相反的，瞬間判斷有時也有缺點。

購買了經常出現在眼前的商品……

新上市！
電視廣告
網路廣告
車廂懸掛式廣告
買來試試看好了

受到明星代言廣告的影響……

買！買！買！
呀～
新上市!!
真的超好喝！

Heuristic & Systematic

捷思法
與
系統法

視情況

捷思法

想吃點東西，但沒有時間。在這種情況下，我們點餐時通常不會考慮太久，不會花個十分鐘、二十分鐘煩惱要吃什麼，某種程度上是靠直覺點餐。這時候，參考過去的經驗，引導我們瞬間做出決定的過程稱為「捷思法」。

特徵

- 直覺、立即做出決定
- 快速
- 不需要努力
- 倚賴經驗

人的思考大致可分為「直覺」和「深思熟慮」兩種模式。

依據直覺，快速找出答案的決策過程稱為「捷思法」。使用捷思法，可以快速找出大致滿意的答案，但有時也會帶來損失，這是行為經濟學重要的研究題目。像這種分開使用兩種思考類型的理論，稱為**雙重歷程模式**（Dual Process Model）。

分開使用

購買電腦這一類的高價商品，或是有自己堅持講究的部分時，人們會考慮效能、價格、用途等各種條件。這種蒐集資訊、深思熟慮的思考模式，稱為「系統法」（Systematic）。人們會視情況，將「直覺」和「深思」模式分開使用。

系統法
價格
規格
重量
使用起來順不順手
深思
嗯⋯
廣告傳單

特徵

- 深思熟慮
- 緩慢
- 需要努力
- 倚賴理性

Question

為什麼人們能夠立即做出判斷？

捷思法
參考過去的經驗
POINT 2
從過去購買番茄的經驗，熟知價格行情，但也會考量惡劣天氣導致「收成不佳＝價格上漲」的情況。
反映購買者的想法
POINT 1
想生吃美味的番茄？還是加番茄醬燉煮？那天的心情和荷包的狀態，也會帶來影響。
番茄
2顆 50元

為什麼購買番茄時，
能夠在50元與80元的價格之間，
立即做出決定呢？

ANSWER A

因為使用了捷思法

快速思考POINT 1到3，直覺地安排優先順序，做出判斷。

參考當下取得的資訊
POINT 3
比較原價和折扣後的價格，商品包裝的質感也會帶來影響。
買50元的番茄！
高級番茄
2顆 100元
2顆 80元
決定好了！

ANSWER A

因為使用了捷思法

傳統經濟學認為，人們在做選擇時，會仔細評估大量資訊，然後做出決定（系統法，參見p.33）。

但是在任何情況下，如果都要像那樣進行判斷的話，太耗時費工了。因此，購買便宜或不太貴重的商品，或是需要立即判斷，資訊卻過多的時候（**資訊超載**，information overload），我們大多使用能夠快速做出決定的「捷思法」。

不花時間，又可以找出大致滿意的解答

利用捷思法進行判斷時，不會花太多時間，僅從事物的某一面向做決定，因此思考過程簡單。捷思法未必能做出最佳判斷，但能夠找出大致滿意的答案。

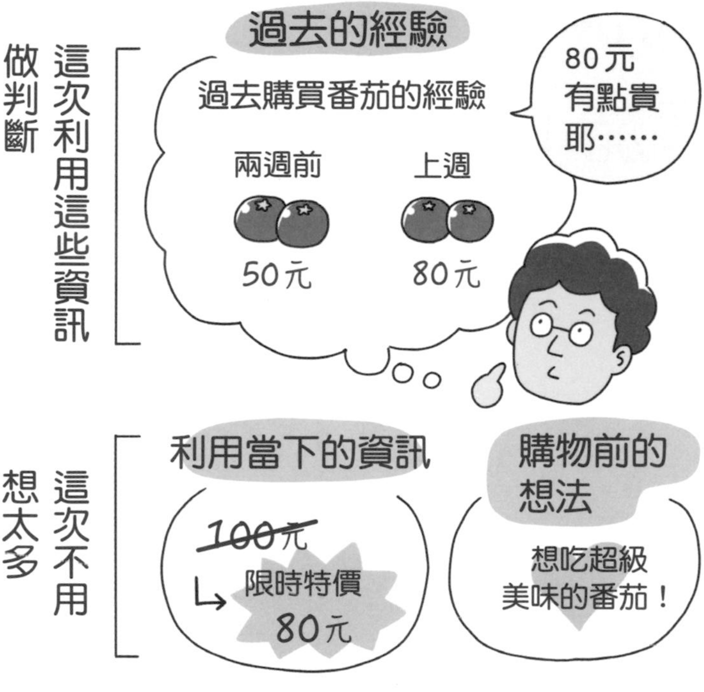
這次利用這些資訊做判斷
過去的經驗
過去購買番茄的經驗
兩週前
50元
上週
80元
80元有點貴耶……
這次不用想太多
利用當下的資訊
100元
限時特價80元
購物前的想法
想吃超級美味的番茄！

捷思法也會犯下錯誤 #偏誤

當我們使用捷思法時，未必每次都能做出適當的判斷。有時只會看到自己想看的、聽到自己想聽的，或是便宜行事等等，進而引發決策偏差（偏誤）。

捷思法有各種類型，以下是三個代表性的例子（也請參見p.70）。

捷思法帶來偏誤的代表性例子

① 可得性捷思法

從經常遇見的熟悉事物進行判斷。

→ P38 ～

新上市！
電視廣告
網路廣告
車廂懸掛式廣告
買來試試看好了

② 代表性捷思法

誤以為代表性的例子反映了整體。

→ P44 ～

連續一個月每天吃香蕉
5個人當中有4個人
體重減輕了3公斤！
我得趕快去買香蕉！
！
什麼?!

③ 定錨捷思法

固執於自己的想法，或是前一刻聽聞的事物，而做出錯誤判斷。

→ P54 ～

這件事，大家覺得怎麼樣？
明明反對的人比較多……
……好，贊成的人占了大多數！

Question

為什麼我們會買眼熟的商品？

可得性捷思法

只對自己有興趣的事物有感覺

關注自己有興趣的事物（選擇性知覺），排除其他事物（參見p.42）。

ANSWER A

因為我們相信殘留在大腦的記憶

對於經常在電視廣告、網路廣告或車廂懸掛式廣告上看到的商品感到親切，深信那是「熱賣商品」。

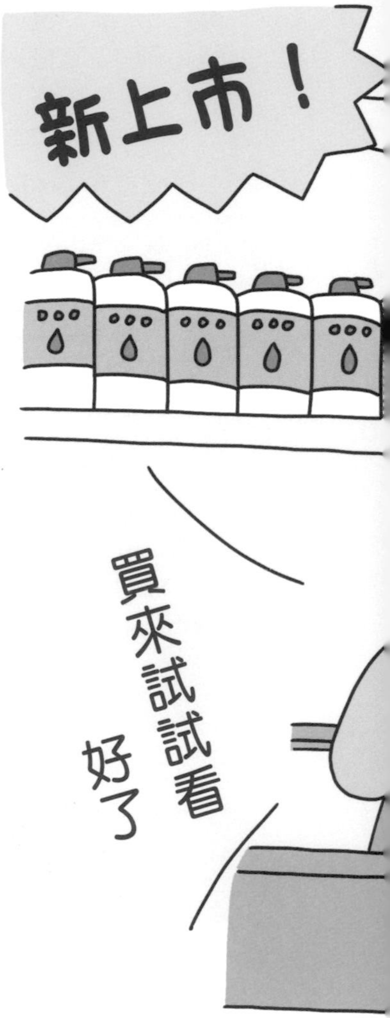

為什麼我們會不自覺地購買那些經常在電視廣告或網路廣告上看到的商品呢？

ANSWER A

因為我們相信殘留在大腦的記憶

「經常看到」、「印象深刻」、「最近看過」、「有朋友在用」……這樣的商品會在我們的腦海中留下深刻的印象，很容易想起來。我們可能會利用那個記憶，而不會仔細評估價格和品質，就直覺地選擇了那個商品。**這種選擇熟悉事物的決策過程，稱為「可得性捷思法」**（availability heuristic）。

企業在各種媒體強力播放廣告，為的就是刺激消費者的購買欲。

企業的策略——讓消費者容易想起

為了讓消費者「經常看到」自家商品，企業利用電視廣告、廣播廣告、網路廣告、社群媒體廣告、車廂懸掛式廣告、街頭看板、廣告傳單等等，試著接近消費者。

為了讓消費者容易想起自家商品，企業總是想盡辦法推出「讓人留下深刻印象」的廣告。

購買容易想起的商品

重複曝光
有助於品牌塑造

企業為了塑造品牌，總是努力創造容易想起、有親近感的形象。比方說，品牌商標的統一、廣告音樂標語、聲音商標（音樂）的使用等等。廣告音樂標語（jingle）指的是塑造品牌形象的音樂。

利用廣告音樂標語提升企業的好感度，或是**讓消費者覺得商品的銷售量比實際狀況還要好**。

耳熟能詳，讓人有親近感

全家便利商店的「全家就是你家」，諾基亞（Nokia）的「科技始終來自於人性」，全國電子的「揪感心」等廣告短語，或是便利商店的「進門音樂鈴聲」，都屬於廣告音樂標語。同樣的音樂重複聽了好多次之後，消費者便會產生親切感，留下好印象。

對音樂留下印象，產生親近感。

可得性

QUESTION Q

為什麼我們只對自己有興趣的事產生反應？

位於三樓的流行女裝賣場……
兒童走失廣播……
位於高爾夫賣場的特賣活動會場……
！
高爾夫!?
一定要去看看！

百貨公司的廣播不斷地播放，唯有自己感興趣的「高爾夫」聽得一清二楚。

我們不太會去注意百貨公司的廣播，但是當廣播內容出現自己有興趣的活動或喜歡的商品資訊時，應該都會留意到。

例如，出現跟高爾夫球相關的廣播時，喜歡高爾夫球的人就會聽得很清楚。這是因為人具有「**選擇性知覺**」(selective perception)的能力，能把注意力放在有興趣、在意的對象身上。

在吵嘈的派對上，能夠

ANSWER

A

因為人能夠選擇性地理解事物

#選擇性知覺

忽略周遭的對話

人們在人聲吵雜的環境下，即使雙方說話的音量跟周圍的聲音相近，也能清楚聽到對方在講什麼。因為從周圍接收到的片段資訊，如果不是與自己可以利用的知識有關，就不會被視為有意義的資訊。

只聽到對方說的話，這種現象稱為「**雞尾酒會效應**」（cocktail party effect）；反過來說，我們只會對有興趣的資訊產生反應。

雞尾酒會效應也是選擇性知覺的一種，可以歸類為**可得性捷思法**。

像是「致居住於世田谷區七十多歲的您」，這類限定廣告郵件收件人的表現方式，也是利用選擇性知覺吸引人們目光的例子。

Question

為什麼我們會被機率耍得團團轉？

代表性捷思法

連續一個月每天吃香蕉
5個人當中有4個人
體重減輕了3公斤！

對於有五分之四的人吃香蕉瘦下來的資訊印象深刻。

只看得到代表性的事物

人傾向於凡事只用代表性的例子來進行判斷。「銀行員很細心」這種先入為主的想法（刻板印象）便是其中一例（參見p.51）。

ANSWER

A

因為僅用小樣本做判斷

五個人的樣本數太小，無法證明香蕉具有減肥效果。但五分之四這個比例，給人的印象太強烈，讓人對此深信不疑。

ANSWER A

因為只用小樣本做判斷

#小數法則

前面提到的減肥成功案例，經過驗證的樣本只有五個，試驗次數明顯不足。

但是，人們卻忽略試驗結果出現偏差的可能性，相信「吃香蕉就會瘦」。像這樣，即使樣本數量過少，依舊相信樣本分析出來的機率，這種偏誤稱為「**小數法則**」(law of small numbers)。

以為少數代表整體時，便容易產生誤會

比方說，三個朋友買了同一個結緣護身符之後，都交到男朋友，而且過得很幸福。因此你覺得「那個護身符很有效！」，也買了同樣的護身符。

但是，三個樣本數量實在太少了，「護身符的神力讓她們交到男朋友」，只不過是偶然出現的極端結果。這也是「小數法則」的例子之一。

請讓我
跟她們一樣交到男朋友
拜託了！
!?
護身符
這只是偶然吧？

認為典型例子代表全體

僅憑代表性（典型的）例子，就做出「全體也是一樣」的結論，這種直覺性的思考方式稱為「**代表性捷思法**」。

除了「小數法則」的例子之外，代表性捷思法還有以下的特徵，例如：忽略機率（即便只要正確計算便能得到）、只看代表性的特徵進行判斷（參見p.48）、凡事只從某一面向進行判斷（參見p.50）等等。

由於要考量所有細節及各種不同資訊的系統法，實在太花時間和工夫，因此人們便只從代表性的特徵來判斷。

編造理由，相信錯誤的機率

假設某項調查發現，人口數為三百人的農村，村民罹患胃癌的機率比都市人還要高。聽到這項調查結果時，有些人心裡應該會這樣想：「鄉下人多半喜歡抽菸、喝酒，偏鄉地區也缺乏醫療資源。」但事實並非如此。這項調查單純只是農村的樣本數太少，導致極端的結果出現罷了。人們總是習慣編造理由。

胃癌出現的機率
都市 < 鄉下
嗯、嗯、嗯

代表性

QUESTION Q

去年活躍的選手，今年的表現一定會不佳？

不能忽視的
均值回歸！
〇〇選手表現低迷
從連續十場比賽得分的佳績跌落谷底，
連續二十場比賽沒得分！
去年得點圈打擊率三成的衝勁到哪裡去了？
10 ＋ 20 ＝ 30（比賽）
10 / 30 ＝ 0.3（3成）
成績跟去年一樣好！

※得點圈打擊率：以每場比賽，得點圈（編註：以一壘安打即可送壘上跑者回到本壘得分的範圍）有跑者的打席數來計算。

去年得點圈打擊率為三成的選手，從新一季的賽事就連續十場比賽有打點，在那之後的二十場比賽卻連續無打點，可能會被評為表現不佳。

但實際上，合計三十場比賽，其中十場有得點，因此得點圈打擊率為三成，跟去年一樣，回歸到這位選手原有表現的平均值，這個自然法則稱為「**均值回歸**」（regression toward the mean）。

ANSWER A

只是忘記結果會回歸到平均值罷了

#均值回歸

學生需要打罵，成績才會好？

成績不好的學生被責罵以後，下一次的考試成績就變好了。

「學生被打罵，成績才會好」這種錯誤的理解，就是忽視了均值回歸。從考試成績回歸到平均值來看，成績差的學生，下一次考試的成績很有可能會比這次好；相反的，成績好的學生，下一次考試的成績很有可能比這次差。同樣的，「讚美無效」也是錯誤的理解，因為無論是誇獎還是責罵，這次考得好的學生，下次考不好是很正常的現象。

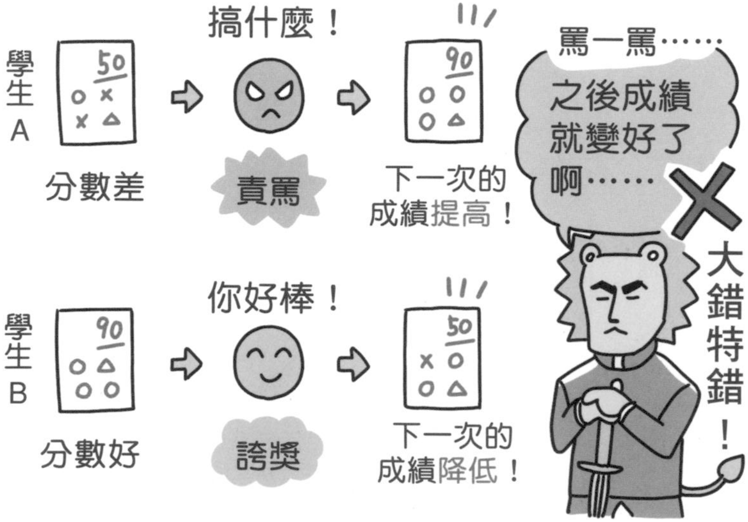

學生A
50
分數差
搞什麼！
責罵
90
下一次的成績提高！
學生B
90
分數好
你好棒！
誇獎
50
下一次的成績降低！
罵一罵……之後成績就變好了啊……
大錯特錯！

無論是誇獎還是責罵，最終都會回歸到平均值。

所謂的「二年級低迷症候群」（Sophomore Jinx）也是同樣的道理。真正的實力可能沒那麼好，只是第一年的成績特別突出而已。但是當好的或特別的結果連續出現時，人們經常將之視為理所當然。

這就是忽略了「均值回歸」，只用代表性樣本來進行判斷，也是**代表性捷思法**的例子之一。

QUESTION Q

為什麼實際情況和想像有出入？

你和銀行員約了時間碰面，但因為對方的穿著打扮太休閒，以至於你怎麼樣也找不到對方。類似的情況應該有很多。以「銀行員的個性很嚴肅，穿著應該也很正式拘謹」為典型，擅自想像對方的模樣，因而產生了落差。

像這樣，重視典型（代表性）形象的思考方式，也是「**代表性捷思法**」的一種。

輕浮
久等了！
!!
原本以為銀行員應該很嚴肅……
一臉正經！

只以典型為判斷基準，
因此想像和實際產生了落差。

ANSWER

A

因為只以典型特徵塑造對方的形象

\# 刻板印象

人們會以刻板印象做判斷

即便你已經知道這位銀行員的各種資訊，例如：「A，男性；B，三十歲；C，銀行員；D，東北出身；E，喜歡開車兜風……」，你還是可能僅以一小部分的資訊，比如銀行員和東北出身等等，來塑造對方的形象。

就像這樣，簡化某個團體的特徵，塑造成固有印象，稱為「**刻板印象**」。比方說，「日本人比較沒主見、雙手很靈巧」，「美國人友善、很有主見」等等。

只看典型特徵的刻板印象

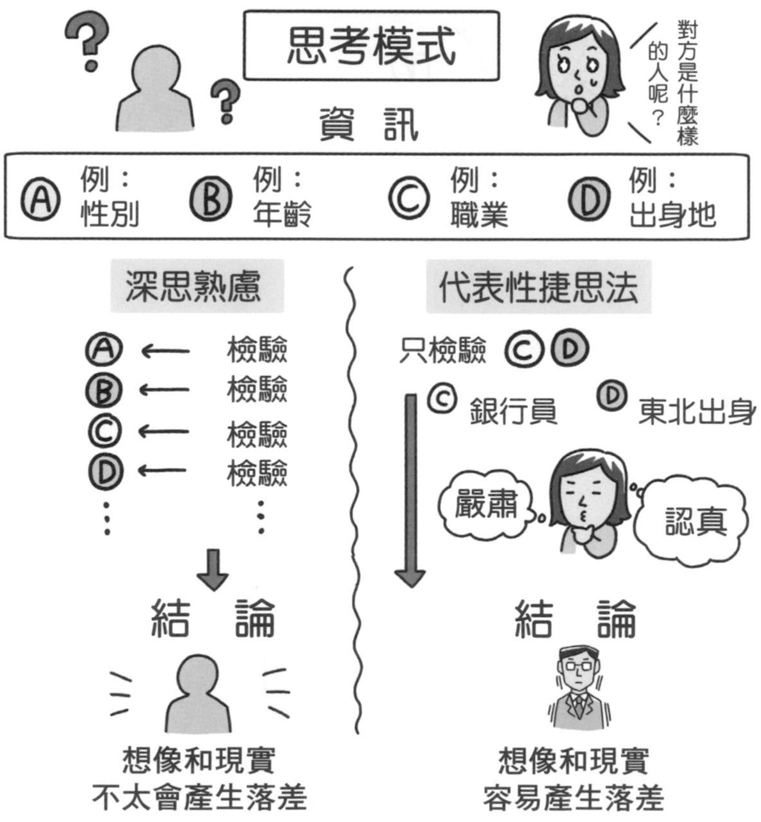

思考模式
對方是什麼樣的人呢？
資訊
Ⓐ 例：性別
Ⓑ 例：年齡
Ⓒ 例：職業
Ⓓ 例：出身地
深思熟慮
Ⓐ ← 檢驗
Ⓑ ← 檢驗
Ⓒ ← 檢驗
Ⓓ ← 檢驗
結論
想像和現實
不太會產生落差
代表性捷思法
只檢驗 ⒸⒹ
Ⓒ 銀行員
Ⓓ 東北出身
嚴肅
認真
結論
想像和現實
容易產生落差

QUESTION

Q

怎麼做才能給人留下好印象？

拜訪初次見面的人時，事先調查對方，帶伴手禮，見面時大聲問候對方……。這些都是在「最初的良好印象會持續很久」的認知下，所採取的無意識行動，稱為「**初始效應**」（primary effect），是**代表性捷思法**的一種。

●岳父
19〇〇年〇月〇日生 A型
〇〇商事二課 課長
☆喜歡的事物
・將棋 ・高爾夫
・貓咪 ・橘色
我已經做好萬全準備，可以讓人留下良好的印象！
跟岳父第一次見面的備忘錄…
做過頭了啦！

為了初次見面就留下好印象，
會準備對方喜歡的話題。

ANSWER A

最初與最終最重要

#初始效應　#峰終定律

讓人留下深刻印象的訣竅

另一方面，「**峰終定律**」（peak-end rule）則會影響人們對體驗的記憶。經驗的「高峰」和最後的「終點」，會影響人們對事件的整體印象。除了最高峰和最後的時間點之外，其他區段很難在人們心中留下深刻的印象。這是只從代表性的細節判斷事物，也是**代表性捷思法**的一種。

結局好，一切都好

在簡報和業務洽談的場面裡，從開始到結束的過程中包含各種不同的言行舉止。最熱絡的場面能給人留下印象，但結束之前的談話，同樣也能讓人留下深刻的印象。因此，結束時的寒暄非常重要。像下圖的情況，在他人的離職派對寒暄時留下好印象，你的好印象就會深植在對方心目中。

Question

為什麼人們無法接受反對意見？

定錨捷思法

即便內容相同，不同的表達方式和寫法，會讓人做出不同的選擇

即便內容完全相同，不同的表達方式和寫法，會給人留下截然不同的印象，因而影響其後的判斷（框架效應，參見p.64）。

為什麼人們看不見反對的意見呢？

ANSWER A

因為人們只蒐集對自己有利的資訊

人們傾向於積極尋找肯定自己的意見（定錨），不輕易接受反對意見。

ANSWER A

因為人們只蒐集對自己有利的資訊

人們不喜歡蒐集跟自己意見相反的反證資料，即便出現了，也很容易視而不見。

如前一頁的例子，人們經常依據贊成的意見做決定。堅持己見，只蒐集肯定自己意見的資料，這種現象稱為「**驗證性偏誤**」（confirmation bias）。而「**定錨捷思法**」則是驗證性偏誤的起因。

對喜好的堅持，也會影響判斷

個人喜好會對事物的判斷產生相當大的影響。針對喜愛的事物，人們會無意識地尋找其優點，不太會去看它的缺點。相反的，針對討厭的事物，人們習慣尋找其缺點，而且不太會去發現它的優點。

進行判斷時，也會以自己所花費的時間做為重要的判斷依據，這也是驗證性偏誤的一種。

有色眼鏡
驗證性偏誤
討厭
喜歡
他人
自己
花費的時間
現實

人們難以跳脫脈絡和狀況的框架

還有一種名叫「**框架效應**」（framing effect）的現象，也是定錨捷思法的一種（參見p.64）。即便內容完全相同，卻因為表達方式和寫法不同，給人不同的感受，讓人做出不同的選擇。

另外，「**錨定效應**」（anchoring effect）也是框架效應的一種（參見p.67）。比方說，在價格標示牌上，實際售價的旁邊標示著原本商品的定價。這時候，定價就會變成判斷的錨點，讓人覺得售價變便宜了。

定錨捷思法的特徵之一，就是人們容易受到脈絡和狀況的影響。

框架和錨定的例子

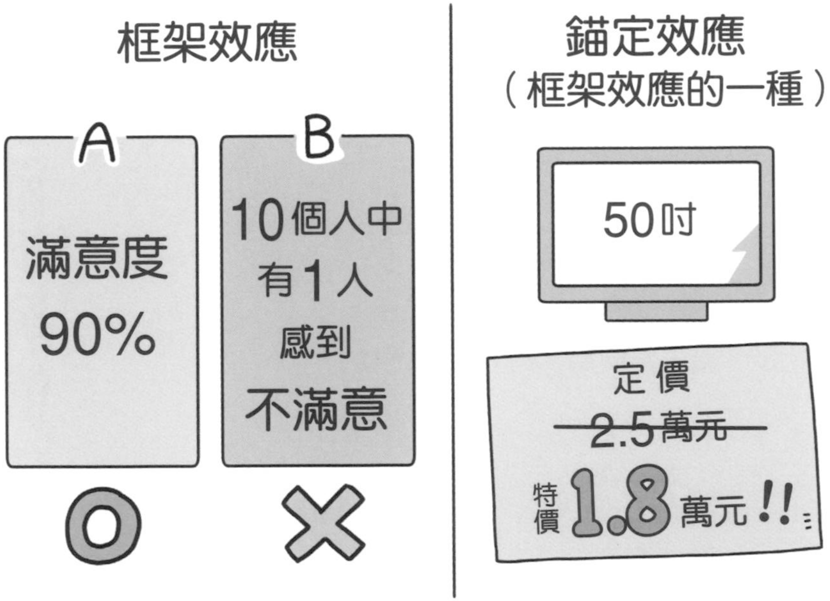
框架效應
A
滿意度
90%
B
10個人中
有1人
感到
不滿意
錨定效應
（框架效應的一種）
50吋
定價
2.5萬元
特價1.8萬元!!

大部分的人
會對A產生好印象，
對B感到不安。

這時候的錨點
是2.5萬元

定錨

QUESTION Q

為什麼人們無法「正確地評價」呢？

爽朗瀟灑的良好印象很強烈，讓人誤以為其他方面也很優秀。

「穿著洗鍊大方的人＝能幹」、「風趣的人＝個性好」、「長相可愛的人＝個性也很可愛」，你有沒有過這樣的經驗呢？評價他人和狀況時，因為某個面向佳，就覺得其他面向應該也不錯，而對整體給予高度的評價。相反的，看到事物不好的一面，可能就會對整體產生負面的評價。

ANSWER

A

因為人們容易「以偏概全」

#光環效應

誤以為「代言藝人的形象＝商品的形象」

買！買！買！
呀～
新上市!!
真的超好喝！

受歡迎藝人的良好形象，直接被當作是商品的形象，
所以廣告商才會聘請明星代言。

光環效應

外貌

學歷

過去的
良好經驗

頭銜

網紅
的評價

人們容易受到明顯特徵的吸引（定錨），而忽略了正確評價其他特徵。這種現象稱為「**光環效應**」（halo effect），是**定錨捷思法**的一種。

請大明星代言廣告，也是利用了光環效應。商品本身的品質被放在一旁，只要商品的代言人形象佳，商品也能獲得好形象。

QUESTION Q

人心的誤解，也能帶來效果？

因為誤解而覺得「真好喝」

在上面的插圖中，八百元的紅酒被貼上三千元的標籤，酒瓶裡裝的當然是便宜的紅酒，喝的人卻感到心滿意足。

即便是同樣的紅酒，價格高的紅酒感覺比較好喝。人的大腦因為誤解而如此深信不疑。

其實在驗證新藥的療效時，會將受試者分組，給予沒有效用的安慰劑和真正的新藥，以驗證新藥的療效。

ANSWER

A

認知能帶來實際的效果

#安慰劑效應

檢驗醫療現場的發現

病患A和B罹患了相同的疾病。患者A接受了外科手術治療，而患者B僅做開腹手術，並未做任何治療。結果，不只是A恢復了健康，就連未受治療的B也康復了。這是B以為自己「接受了治療」的認知，所帶來的安慰劑效應。

謝謝醫師！
A
B
哎呀，竟然也會有這種事啊！
緊張、緊張
沒什麼、沒什麼

服用安慰劑的對照組，很多受試者的症狀居然也獲得了改善，這種認知影響感知的現象，稱為「**安慰劑效應**」（placebo effect），是**定錨捷思法**的一種。為了肯定自己喜歡和感到正確的事物，因而產生了認知偏差。

高價的食物和減肥藥等等，因安慰劑效應而獲得了極高滿意度的例子，實在不在少數。

定錨

QUESTION Q

明知穩賠不賺，卻還是一意孤行，這是為什麼呢？

想到至今付出的勞力和費用，明知繼續下去會產生損失，卻停不了手。

已經付出且無法回收的成本，稱為「沉沒成本」(sunk cost)。然而，覺得投資下去的金錢、勞力和時間「很浪費」，明知繼續下去會產生損失卻無法停手，這個現象稱為「**沉沒成本效應**」。

比如上面的例子，耗費龐大的資金和時間，開發了高性能電腦，就在即將完成開發

ANSWER

A

因為緊抓著過去付出的成本不放所致

#沉沒成本效應

投資和賭博都容易受到沉沒成本效應的影響

輸得精光
都已經到了這個地步，
不能說放棄就放棄……

投資也有相同的現象。就目前來看，明明要從股價有無成長來評估才合理，卻執著於自己投資的金額，不願換購其他股票。賭博也是同樣的道理，至今花下去的錢，明明不會影響中獎機率，卻怎麼樣也停不了手。

之際，其他同業卻推出了性能更強大的電腦，整體來看，終止開發才是上策，但案子還是繼續執行，因而衍生了更大的損失。

肯定過去所做努力的心情，以及對至今投資下去的勞力和費用的執著，讓人明知應該終止，卻怎麼也辦不到，這就是人性。而沉沒成本效應，也是**定錨捷思法**的一種。

QUESTION Q

改變表達方式，就可以改變人的行為？

我們公司
撐過這一關的
可能性渺茫
……
沮喪…
我們公司
撐過這一關的
可能性
不是零！
加油！

雖然意思差不多，但員工的反應卻截然不同。

陷入經營困境的社長，在定期會議上跟員工報告現況。他只不過是把負面的「可能性渺茫」，換成正面的「可能性不是零」，沉重的消息也能讓人覺得充滿希望。

這種不同的表達方式，給人的印象也有所不同的現象，稱為「**框架效應**」（又稱脈絡效應〔context effect〕）。

換個說法，結果大不同

#框架效應

1克和1000毫克，哪個比較吸引人？

用數字表達，效果更好!!

含1克
牛磺酸
含
1000毫克
牛磺酸
這個應該
比較多!!
……嗯？

在能量飲料這類商品上，經常可以看到「含1000毫克牛磺酸」這類標示。這樣的標示方法，感覺是不是比「1克」還要多呢？但其實分量一模一樣。

像成分含量這種難以具體想像的東西，數字愈大，愈會讓人感覺數量比較多（或是比較有效）。

執著於某個情境脈絡，因而無法做出理性的判斷，這是由**定錨捷思法**所引發的現象。

這種框架效應已經被廣泛地應用於折扣率和折扣金額的標示、提升廣告訴求所帶來的效果等等。

順帶一提，在價格昂貴的商品旁標示折扣率，然後在便宜的商品旁標示折扣價，可以帶來更好的促銷效果。

QUESTION Q

為什麼明明不便宜，卻覺得很便宜？

原本定價280萬元
特價150萬元！
!?

原本覺得兩百八十萬元的車子太貴，買不起；然後在某個網站上看到同一款車子的價格為一百五十萬元，就覺得「很便宜」。但是，對於插圖裡的夫婦來說，一百五十萬元等同於丈夫的年收入。為什麼這位丈夫會覺得「很便宜」呢？

人們容易以最初的印象做為判斷基準的錨點，處理新資訊時，會受到那

ANSWER

A

因為判斷基準受到錨點的影響

#錨定效應

好便宜！
怎麼辦，要不要買呢？
怒氣沖天
老公……
這個價格是你一整年的薪水喔！
猶豫
猶豫

從太太的反應就可以知道，這對夫婦對於150萬元這個金額的感覺天差地遠。

個錨點的強烈影響。以上圖為例，兩百八十萬元成了錨點（即判斷基準），因此讓人覺得網站上的售價一百五十萬元「很便宜」。

這種最初接受的資訊影響到後面判斷的現象，稱為「**錨定效應**」，也是框架效應的一種，屬於**定錨捷思法**所引發的效應。

QUESTION

Q 為什麼三選一比二選一，更容易做出判斷呢？

終極二選一：「超辣」或「超甜」。
出現「普通」選項時，一秒決定。

當咖哩有「超辣」、「普通」、「超甜」三種口味的時候，大部分的人都會選擇「普通」。

當選項只有兩個時，人就容易猶豫不決；但選項有三個時，我們容易選擇正中間的選項。

這是因為人們有規避極端的傾向。這個「**規避極端的心理**」是由**定錨捷思法**所引起的。

這個效應也能應用在各種商業行為。

比方說，鰻魚飯套餐分

ANSWER

A

因為人討厭兩極化

#規避極端的心理

放誘餌，讓顧客順著你的期望做選擇

原本菜單上只有「竹」和「梅」兩種等級的套餐，新增高價的「松」等級套餐後，「梅」等級的價格感覺起來很便宜，而「松」等級的價格感覺極為昂貴，結果就是選擇「竹」等級套餐的顧客增加了。

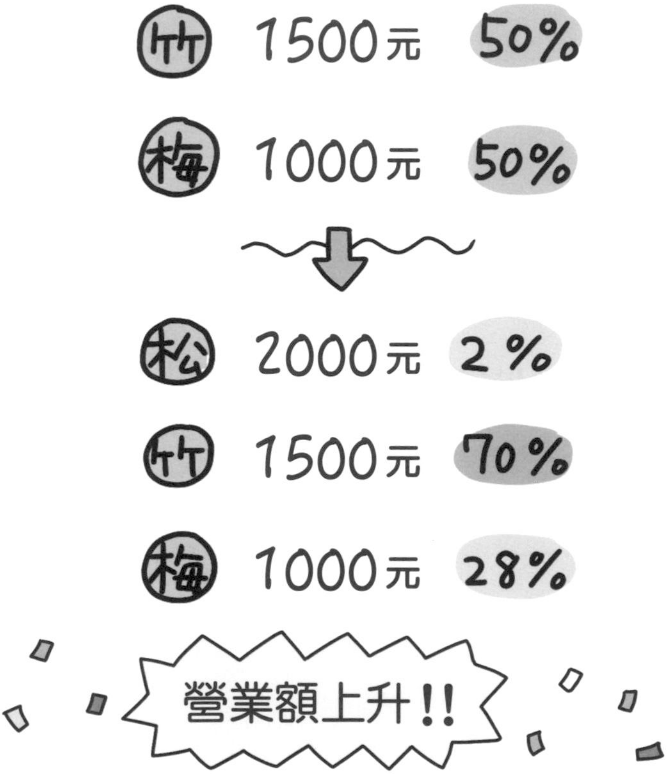

竹 1500元 50%
梅 1000元 50%
松 2000元 2%
竹 1500元 70%
梅 1000元 28%
營業額上升!!

為松、竹、梅三種等級，「松」等級的套餐太豪華，「梅」等級的套餐吃起來太空虛，所以大部分的客人都選擇最保險的「竹」等級。在增加了「松」等級的套餐後，點價格較便宜的「梅」等級的客人減少，點比「梅」稍貴的「竹」等級的客人增加了。

一如「三選一」的例子，利用情境脈絡，讓希望消費者選擇的選項看起來充滿魅力，這種現象稱為「**誘餌效應**」（decoy effect）。

無法分類的捷思法
時間偏好和社會偏好

心理效應和捷思法

截至目前，我們將捷思法所引發的偏誤分成：可得性捷思法、代表性捷思法及定錨捷思法三種進行解說，但有些心理效應的原因無法明確分類。

比方說，光環效應（參見p.59）歸類為定錨捷思法，但也具有可得性捷思法的一面。起因於選擇性知覺的「雞尾酒會效應」（參見p.43）歸類為可得性捷思法，但它具有「積極地蒐集自己有興趣的資訊」的定錨捷思法面向，同樣不容忽視。

可以分類到多個類別的例子

光環效應

- **定錨捷思法**（錨定於明星好的一面，參見p.59）
- **可得性捷思法**（對明星有親近感，容易想起）

雞尾酒會效應

- **定錨捷思法**（積極地蒐集自己有興趣的資訊）
- **可得性捷思法**（容易對有興趣的資訊產生反應，參見p.42）

安慰劑效應

- **定錨捷思法**（錨定於先入為主的成見，參見p.60）
- **可得性捷思法**（只對自己有興趣的事情產生反應）

時間偏好
也是捷思法的一種

有些心理現象無法分類到可得性捷思法、代表性捷思法和定錨捷思法等，這三種利用直覺思考的捷思法類別中，例如：時間偏好和社會偏好。

時間偏好指的是，相對於未來，人們更重視現在的傾向。即便未來可以得到的好處，遠大於現在可以獲得的利益，人們仍偏向於選擇馬上就可以享受的好處。

參見 P72

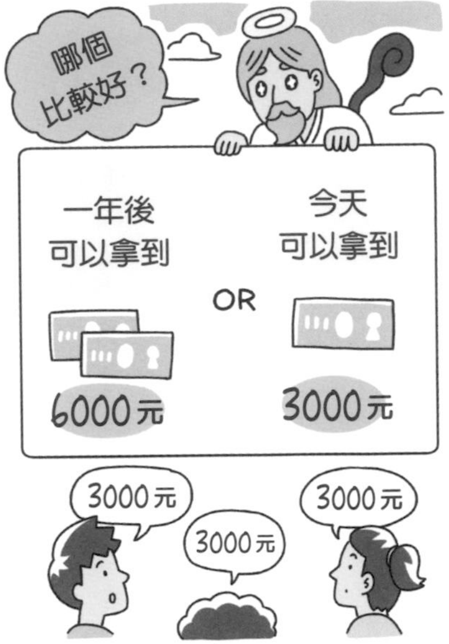

顧慮他人的「社會偏好」
也是非理性的

社會偏好指的是顧慮他人。當我們理性地思考時，應該只會採取對自己有利的行為，但是人也具有珍惜他人的特質，有時甚至會做出損害自身利益的行為。

此外，因為在意他人的眼光而行事，也是社會偏好的一種。比如，這樣做才符合社會期待，跟大家用一樣的東西讓人安心等等，這些想法都屬於社會偏好。

參見 P76

Question

決策與時間有關嗎？

時間偏好

你還沒做完明天要提交給客戶的資料，這時，
跟你交情不錯的同事約你去喝一杯，你會怎麼做？

A 婉拒。以工作為優先，留下來加班。
B 接受邀約（覺得「明天應該做得完吧」）。

WIN!
乾杯！
B
A
跟要好的同事一起
去喝一杯，應該可以
發洩平時累積的壓力，
享受快樂時光
＝眼前的效用
做出近乎完美的
資料，應該可以
取得客戶良好的評價
＝未來的效用

ANSWER
A

人們重視「現在」

人們往往覺得現在的效用（去喝一杯），大於未來的效用（取得客戶的歡心）。

ANSWER A

人們重視「現在」

在前一頁的例子，「遵守與客戶的約定，建立信賴關係」，在未來可以帶來較高的效用，但大多數人卻選擇眼前可以立即享受的效用——「去喝一杯！」。

人們對於效用的感受實際如下：離現在愈接近的事情，其效用感覺愈大；離現在愈遙遠的事情，其效用感覺愈小。這種心理現象稱為「**時間偏好**」，高估現時效用的現象則稱為「**現時偏誤**」（present bias）。

時間和效用的關係

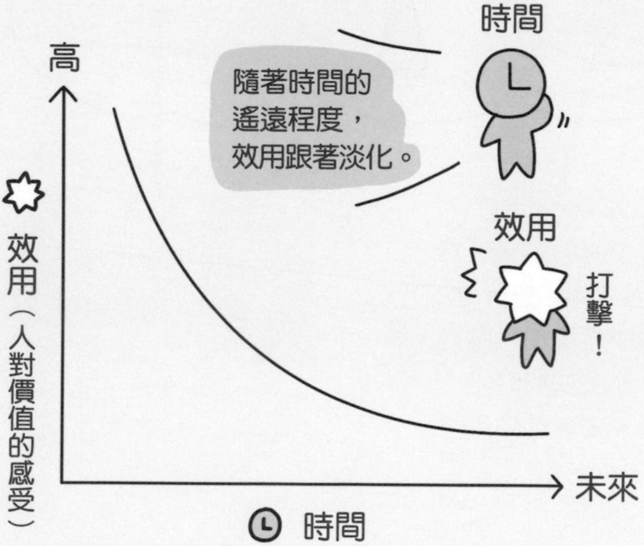
高
效用（人對價值的感受）
時間
未來
隨著時間的遙遠程度，效用跟著淡化。
時間
效用
打擊！

如圖所示，離現在愈近，感受到的效用愈大；離現在愈遠，感受到的效用愈小。

離「現在」愈近，效用愈高！

#現時偏誤

「馬上可以獲得三千元，以及一年後可以拿到六千元」，在比較兩者時，選擇年利率為一〇〇％（一年漲了一倍）的後者才是理性的。但實際上，大多數人都會選擇前者。雖然只要冷靜思考，就可以知道哪個才是理性的選項，但是受到現時偏誤的影響，高估了現在可以拿到三千元的效用。**人們總是很容易高估立即獲得的效用（金錢或享樂）。**

比起一年後獲得6000元， 今天馬上拿到3000元比較開心？

「現在馬上可以獲得3000元，以及一年後可以拿到6000元」，你會選擇哪一個？只要理性思考，應該就會選擇後者，但實際上，大部分的人都會選擇前者。這也是受到現時偏誤影響的證據。

Question

為什麼人們無法順應本意做決定？

社會偏好

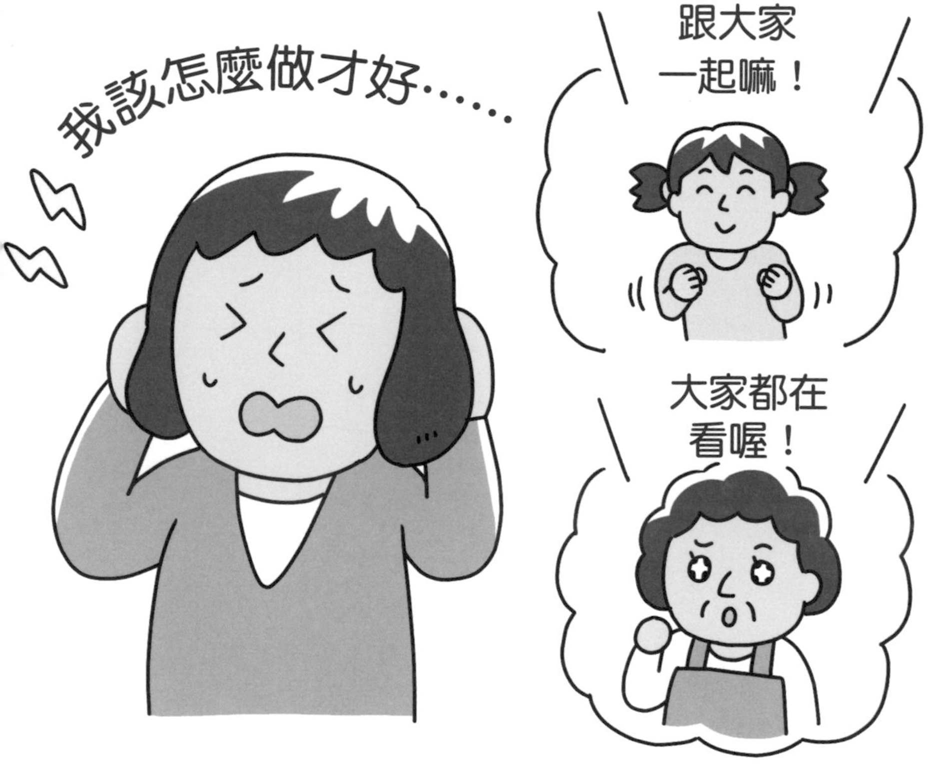
我該怎麼做才好……
跟大家一起嘛！
大家都在看喔！

傳統經濟學對人們的其中一項假設為「超級利己」。超級利己的特質是：只考慮自己、不顧慮他人，但實際上則正好相反，「**社會偏好**」才是人的行為特徵。聽取別人的意見，主動考量周圍的狀況，甚至與其他人比較。考量到人們時常意識他人之存在的行為特質，是行為經濟學的特徵之一。

ANSWER A

人們經常意識到他人的存在

人們經常意識到他人的存在，比如說，跟別人擁有相同的東西就會感到安心，或是相反的，擁有別人沒有的東西而充滿優越感等等。

在意他人

明明不會馬上得到回報，卻還是採取行動，例如：為感到困擾的陌生人提供協助、為眼前的人付出等等（參見p.81）。

ANSWER A

人們經常意識到他人的存在

#虛榮效應

在以白色、黑色、銀色的車子居多的情況下，黃色、紅色等罕見顏色的車子也會出現在汽車展場，這是為了迎合人們「不同於其他人的需求」所致。這種避免跟別人擁有相同東西的心理稱為「**虛榮效應**」（snob effect）。

這種效應讓市場上對於難取得之商品的需求增加，同時也讓輕易取得之商品的需求減少。

最近很流行黑色車，
所以我選擇了黃色車款！
連衣服
也是
黃色的！

採取跟別人一樣的行為

從眾效應

大家一起闖紅燈，就一點也不可怕了！

迎合別人的想法，採取和周遭人相同的行為，這種現象稱為「從眾效應」（bandwagon effect）。就像大家一起闖紅燈就不可怕一樣，即便是錯誤的行為，也可能出現迎合周遭人的情況。

購買昂貴的商品，覺得自己與眾不同

威卜蘭效應

舔、舔、舔
我可愛的小賓士

購買商品不只是為了功能或效用，而是認為其價格和奢華感具有價值，藉以炫耀身分地位的現象，稱為「威卜蘭效應」。消費者受到展現自我的欲望所刺激，讓高檔車和名牌包熱賣，正是這個效應所致。

QUESTION Q

為什麼我們會待人親切呢？

你孩子會喜歡這個嗎？
拿出來
還有這個土產，請收下！
拿出來
超美味銅鑼燒
啊，你吃糖嗎？
嗯……好！
攻勢好猛烈……

明明今天是第一次見面，
對方卻在離開之際送上伴手禮。
為什麼有些人對待陌生人會這麼親切呢？

ANSWER

A

因為我們希望得到回報！

#互惠性

請客、贈禮、待人友善，這些行為都是受到「**互惠性**」（reciprocity）的影響。互惠性指的是，期待犧牲自我利益後能獲得回報的心理狀態，待人友善是假設對方會有所回饋。

另外，右頁插圖的例子也是受到互惠性的影響，又稱為「間接互惠性」，也就是人之所以待人親切，是因為覺得別人可能會因此也對自己親切。這正是「給人方便，自己也會方便」的體現。

利用回報性激發員工的幹勁

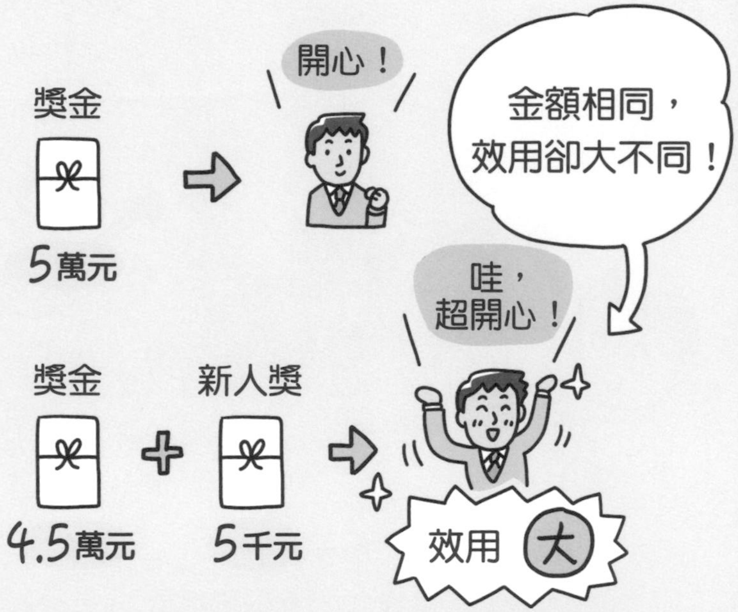

支付5萬元的獎金時，將之拆成4.5萬元的獎金和5千元的新人獎，可以激發員工的幹勁。這麼一來，可以讓員工覺得「如果不努力工作，下次就拿不到獎金」。這樣的特質在互惠性當中又稱為「回報性」。

QUESTION

Q

為什麼就算得不到回報，我們也會親切待人呢？

有一對兄弟，
爸爸給了哥哥1000元的零用錢。
即便弟弟不知道有這回事，
哥哥還是分了500元給他。
這究竟是為什麼？

ANSWER A

待人親切也能提高自身的效用

#利他性

右頁的圖例在乍看之下，可能覺得哥哥善待年幼的弟弟是理所當然的，但即便不是兄弟，也能看到這種利他行為。「獨裁者賽局」（dictator game）這項實驗可以說明為何有這樣的現象。

獨裁者賽局由完全無關的陌生人A和B為一組，請A分配錢給完全不知情的B。明明獨自占為己有是最有利的，不過A選擇犧牲自己的利益。

這個現象起因自人們的「**利他性**」。犧牲自己的利益，提升對方的效用，能帶來純粹的快樂；針對不求回報這一點來看，利他性有別於互惠性。

當弟弟知情時

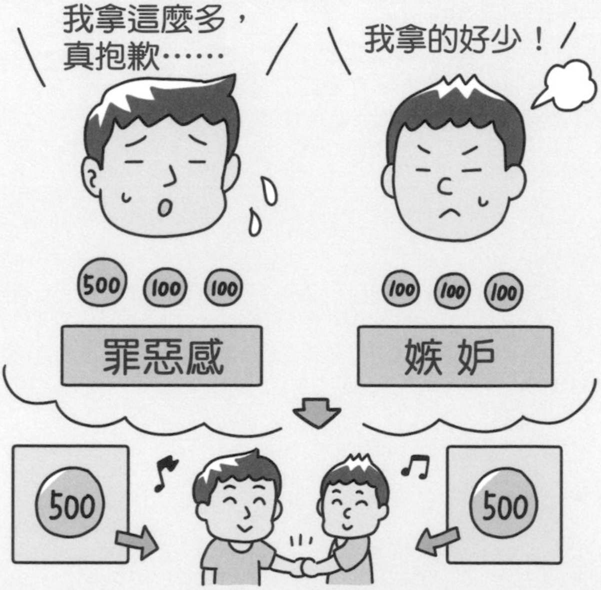
我拿這麼多，真抱歉……
我拿的好少！
500
100
100
100
100
100
罪惡感
嫉妒
500
500

爸爸說：「1000元給你，你們兩人拿去分。」這時，哥哥拿999元，給弟弟1元，哥哥可以得到的效益應該最大，弟弟應該也會覺得「1元至少比0元好」。但是，哥哥擔心會遭到弟弟嫉妒，也有罪惡感，因此分了500元給弟弟。

第 3 章

決策的機制

展望理論

本章將介紹的「展望理論」，是行為經濟學最具代表性的理論，提倡者丹尼爾．康納曼（參見p.29）於二〇〇二年榮獲諾貝爾獎。展望理論說明了，在這種不確定的情況下投資時，當自己的選擇跟利弊得失和機率相關，人們的決策會經過何種過程。展望理論認為，人們的決策會依據下一頁的兩個階段，決定最終採取何種行為。

決策的過程

STEP 1　編輯階段

決策的前階段又稱為預處理（pre-treatment）。理解自己所得到的選項，決定當作基準的「參考點」，然後進入下一個階段（評估階段）。這個階段很容易受到脈絡情境的影響。

預處理 P100

5萬元
雖然很想要，
但我還是得忍住！
5萬元
歡迎
光臨

STEP 2　評估階段

損失
1000元
了！
賺到
1000元
了！
失 > 得

計算得失

價值函數 P86

這個階段以編輯階段決定的參考點當作基準，評估各個選項。

沒問題嗎？
手術成功的
機率為99%

計算機率

機率權重函數 P96

在這個階段，會思考進行選擇時相關事件有多少機率會發生。

決定採取何種行為！

經過編輯階段和評估階段，判斷哪個選項對自己來說效用（滿意度）最高，決定最終採取何種行為。

5萬元
請給我
那個！
彩券
恭喜中獎！
中大獎！

Question

人們能夠理性地判斷得失嗎？

價值函數

期望值相同，
A
絕對可以得到
100萬元！
聽到一定可以得到100萬元，大家都聚集過來了。
100萬元×100%＝100萬元
哇！
哇！

A 絕對可以得到100萬元。

B 有50%的機率可以得到200萬元，剩下的50%機率是0元。

你會選哪一個？

期望值是指…… 在做選擇時，結果可得值的平均值。以上圖為例，就是預期得到的金額，用「金額×機率」可以計算出預期之金額。

面對損失，人們傾向追逐風險

相反的，面對可能會產生損失的選項時，選擇追逐風險的人增加。比起一定會損失100萬元，更多人會選擇以下選項：即便有50%的機率會損失200萬元，也願意賭毫無損失的50%機率（參見p.91）。

明明期望值一樣都是100萬元，但選擇B的人卻少之又少，因為可能一毛錢也拿不到，所以這個選項不受歡迎。

B
有50%的機率
可以得到
200萬元！

人們卻不會選擇左邊的選項。

200萬元×50%＝100萬元

ANSWER A

損失比得到的感受更強烈

A和B的期望值相同。但是在獲得的情況下，人們傾向規避風險，偏好確定性，因此比較多人選擇100%可以得到的A選項。

ANSWER A

損失比得到的感受更強烈

即便金額相同，獲得的喜悅和損失的悲傷，所帶來的心理衝擊不同。展望理論用「**價值函數**」（value function）來表現這個得失的感受，此函數如下一頁的圖表所示。

圖表的縱軸為面對得失的情緒波動，橫軸則是得失的客觀價值。從圖表可知，比起獲得利益，損失相同金額時，人們的反應較大。金額相同，損失所帶來的打擊，是獲得時喜悅的兩倍大，因此人們偏向於避開損失。這個特質稱為「**損失規避**」（loss aversion）。

金額相同，但是帶來的心理衝擊卻大不同

如下一頁的圖表，假設獲得一千元的喜悅是「1」，不幸損失一千元的悲傷是「2.25」。損失所帶來的心理衝擊比較強烈。

損失
1000元
了！
賺到
1000元
了！
失
>
得

當得失愈大，感覺就會愈來愈遲鈍

第一杯啤酒是不是比第二杯、第三杯更好喝呢？

同樣的道理，賭博時，最初輸了一萬元的心情，會比後來輸掉一萬元的心情還要難受。

就像這樣，無論是獲益還是損失，距離參考點愈遠（參見p.94），感覺就會愈遲鈍。價值函數也因此出現報酬遞減（diminishing returns）的現象。

損失的感受比獲得大2.25倍！報酬遞減！

展望理論的價值函數

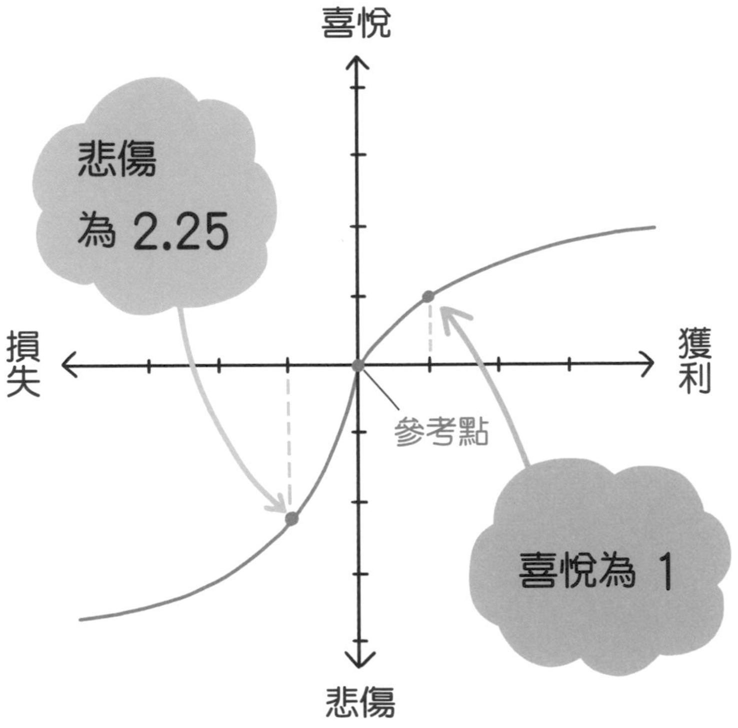

ANSWER A

獲利時，人們會規避風險

#風險規避

在下圖的例子，大部分的人都會選擇「絕對可以得到六百萬元」。

如p.86到p.87所介紹的，利益當前，人們傾向於選擇可以確實得到的利益。這種心理狀態稱為「**風險規避**」。

人們「一定」會蜂擁而至！

人們競相追逐高確定性。「至少可以得到200萬元」明顯是獲利的，然而跟「一定」可以得到600萬元相比，看起來就像是產生損失的選項。這個心理現象已經獲得行為經濟學的實證。

絕對可以得到
600萬元!!
哇!
哇!
600萬元×100%
＝600萬元
期望值相同
有50%的機率
可以得到200萬元
或1000萬元
靜悄悄…
(200萬元＋1000萬元)
×50%＝600萬元

面對損失時，人們容易追逐風險

#風險偏好

面對損失時，人們偏好風險。例如，A已經在賭場輸了二十萬元，此時，如果A在紅黑輪盤下了二十萬元的賭注，倘若中了，最後的收支是零元，沒中的話就是負四十萬元。如果只看單一賭注，中的話就是贏二十萬元，沒中的話就是輸二十萬元，那麼在理性思考的情況下，大約半數的人會下注。但是，在輸錢的情況下，大多數人還是會選擇繼續挑戰，這種心理現象稱為「**風險偏好**」。從價值函數（參見p.89）的圖形可知，往上攀升為風險規避，往下滑降為風險偏好。

在輸錢的情況下，寄望翻盤，選擇繼續挑戰的人會增加！

Question

為何依據不同的人和情況，對價值的感受會有所不同？

參考點

部門達成業績目標，
發放了激勵獎金5萬元。

為什麼有些人很開心，有些人很失望呢？

面對不同的情況，對價值的感受也會有所不同

購物時，面對不同的狀況，判斷基準也會有所不同。比方說，如果你已經知道商品的行情價，就會把它當作判斷基準；如果你不知道商品的行情價，眼前的標價牌就會影響你的判斷基準。

ANSWER A

因為每個人的判斷基準不同

預設「大概可以拿到 2 萬元」的人，會覺得「賺到了」；以為「應該可以拿到 8 萬元」的人，會覺得「好失望」。

ANSWER A

因為每個人的判斷基準不同

傳統經濟學假設，人是極為理性的動物。因此，如前一頁的例子，發放激勵獎金時，所有人應該都會很高興，因為跟未發放獎金的情況相比，這是獲益的。

但實際上並非如此。即便獲得的金額相同，不同的人對於價值的感受卻不一樣。如前一頁所示，預設金額較少的人很開心，期待高額獎金的人則大受打擊。這個判斷基準在展望理論中稱為**「參考點」**（reference point）。

預設不同，悲喜兩樣情

前一頁的例子中，以為「可以得到8萬元」的人，是以過去得到8萬元的經驗為基準，因此參考點為「8萬元」。而沒有拿過激勵獎金的人，則考量各種因素，預設可以拿到「2萬元」（成為參考點），因此對「多得到的3萬元」感到很開心。

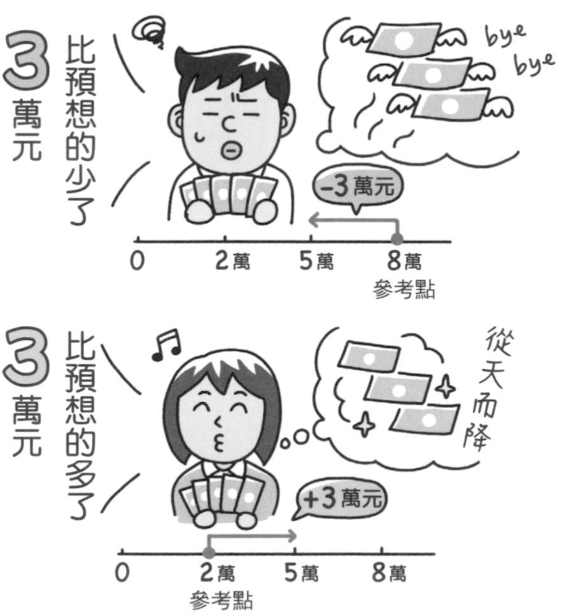
3萬元
比預想的少了
bye
bye
-3萬元
0
2萬
5萬
8萬
參考點
3萬元
比預想的多了
從天而降
+3萬元
0
2萬
5萬
8萬
參考點

不同的情況，參考點會有所不同

參考點會因為不同的情況而有所變化。人們傾向於用比較的方式來判斷事物的價值。比方說，對於平常不太會買的商品，因為不了解行情，所以沒有價格的判斷基準。在這樣的情況下，參考點會受到最初看到的價格所影響。如果最初看到的價格比較高，之後看到其他價格時，就會覺得比較便宜。

因此，這種基於不同的比較基準，使印象（參考點）而有所不同的現象，稱為「**對比效應**」（contrast effect），是商家常用的行銷策略。

我們如何判斷東西「貴不貴」？

30萬元
好貴！
30萬元

在下一個商場

呼
這裡的價格沒那麼貴。
10萬元
-20萬元
10萬元
30萬元（參考點）

假設不清楚手錶行情價的人，第一次去買高級手錶時，看到標價10萬元的反應是：「哇，好貴啊！」但是，如果那個人最初看到的是標價30萬元的手錶，接著才看到標價10萬元的話，就會覺得「10萬元不算太貴」。

Question

為何機率愈低，愈覺得有希望呢？

機率權重函數

即便過去從來沒有中過獎，人們依舊對樂透彩券充滿期待。

為何中獎機率低，大家還是趨之若鶩呢？

人們有時也會低估了高機率

人們容易低估了高機率。即便以為自己正確理解，實際上卻不擅長理性地（客觀地）評估機率。

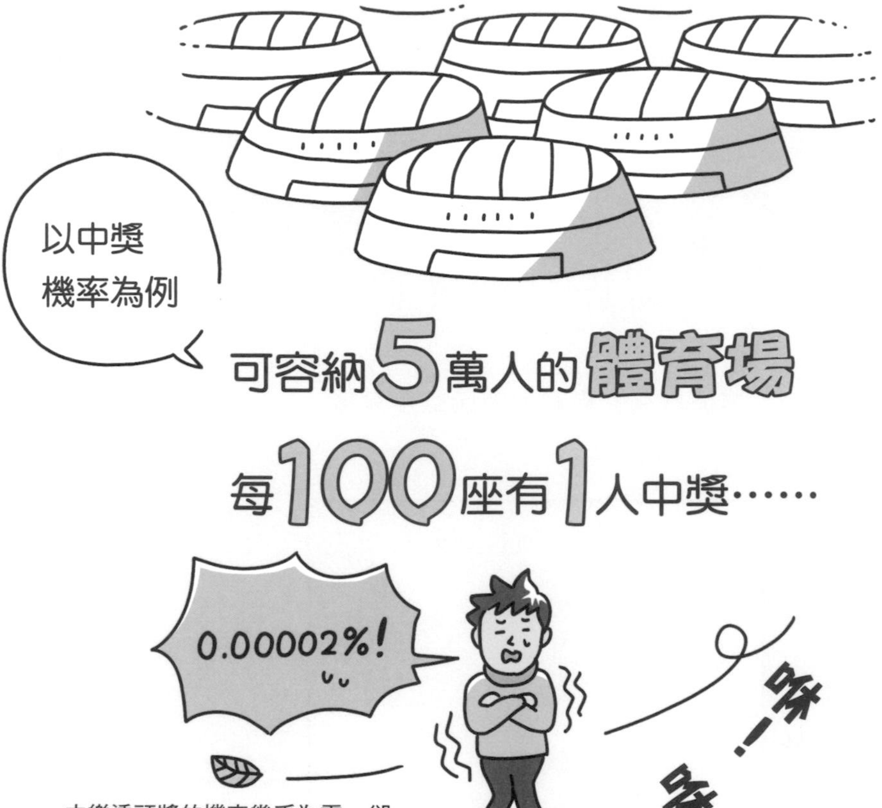

中樂透頭獎的機率幾乎為零，卻還是有很多人會買彩券，其原因跟「對機率的感受」有關。

ANSWER A

高估了低機率

只要理性地評估機率，應該不會有這麼多人購買樂透彩券。但是，人們經常高估了低機率，因此中樂透的機率再低，大家依舊趨之若鶩。

ANSWER A

高估了低機率

人們極不擅長正確評估機率。「**機率權重函數**」（probability weighting function）可以表示人們對機率的感受，是展望理論的核心。以下圖表的橫軸表示客觀的實際機率，縱軸表示對機率的主觀感受；若能正確地理解機率，圖表的直線應該會呈現四十五度。

但實際上，人們高估低機率、低估高機率，因此函數的曲線呈現如下。所以，就算中一億元樂透彩券的機率是〇．〇〇〇〇二%（五百萬人裡一人中獎），仍然有人對此充滿希望。

展望理論的機率權重函數示意圖

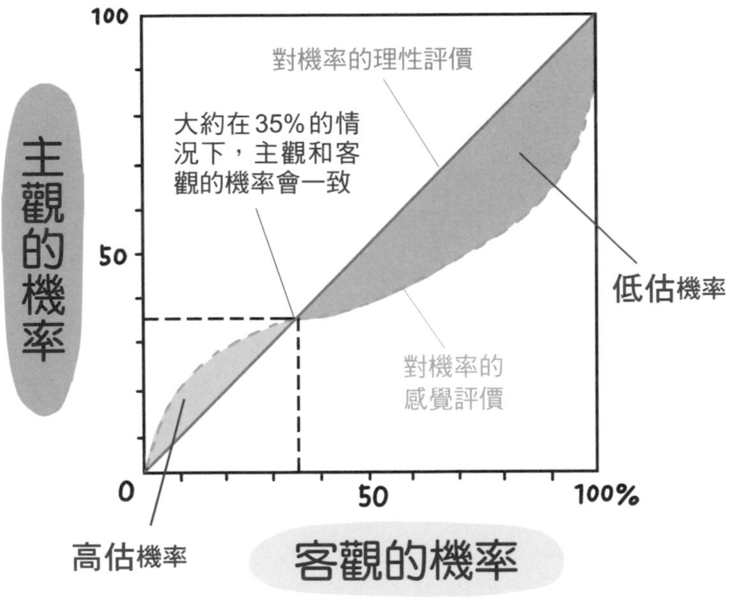
100
50
0
50
100%
主觀的機率
客觀的機率
對機率的理性評價
大約在35%的情況下，主觀和客觀的機率會一致
低估機率
對機率的感覺評價
高估機率

準確度愈高，愈容易產生誤解

在客觀的機率接近〇%或一〇〇%，**準確度愈高時，人們高估低機率、低估高機率的傾向特別明顯**。

明知中獎機率微乎其微，卻還是期待中頭獎；或是過度恐懼發生機率極低的飛機失事，都是起因於此。

高準確度，容易對機率產生誤解

人們也容易高估飛機失事的機率。飛機失事的死亡機率大約是幾百萬分之一，明顯低於車禍的機率，但是其機率被高估，因此有許多人害怕搭乘飛機。

飛機掉下來的話怎麼辦……
害怕

攸關性命和生活時，更容易對機率產生誤解

面對攸關自身性命和生活等等，重要且貼近日常生活的事情，人們更容易對機率產生誤解。例如，當醫師告知「手術成功的機率為99%」，大部分的人對此機率的感受卻遠低於實際機率。

手術成功的機率為99%
沒問題嗎？

Question

運用金錢的方式，是如何決定的？

預處理

A 想要購買票價三千元的演唱會門票時，發現錢不見了。

B 購買了三千元的預售票之後，發現票不見了。

在哪一種情況下，你願意再花三千元去看演唱會呢？

錢到手的方式，決定了運用金錢的方式

就算金額相同，對於辛苦賺來的錢，人就會很珍惜地使用，但對於賭博贏得的錢，人則很容易揮霍。

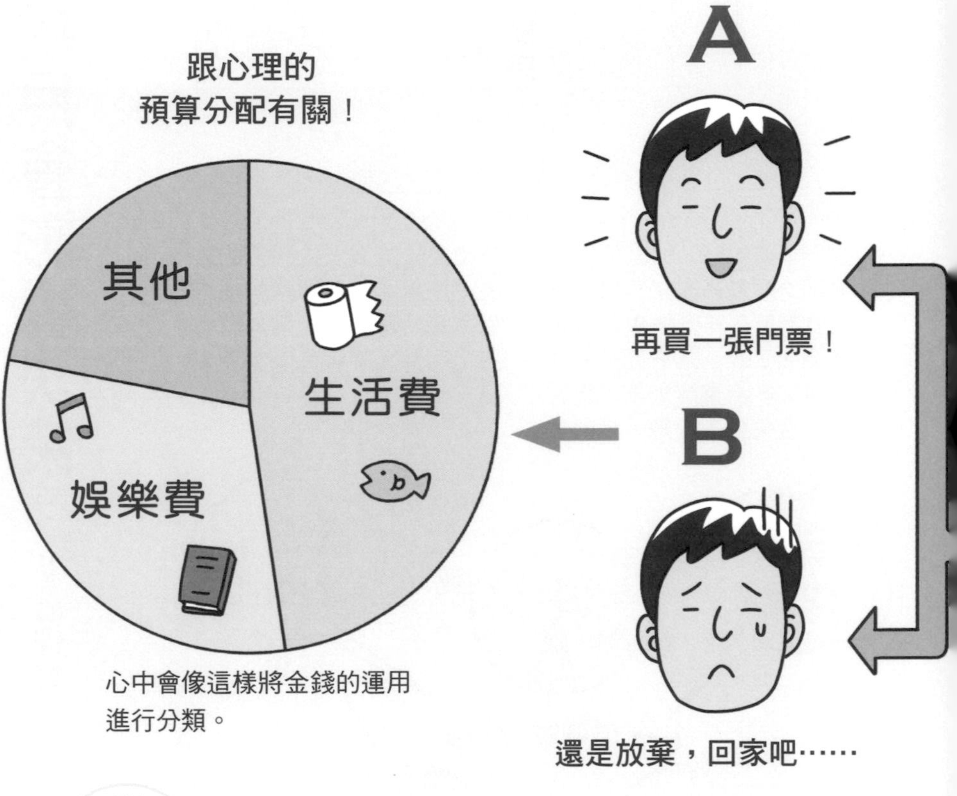

跟心理的
預算分配有關！
其他
生活費
娛樂費
心中會像這樣將金錢的運用
進行分類。
A
再買一張門票！
B
還是放棄，回家吧……

ANSWER A

心理帳戶影響決策

人們心中會將每個月的支出，分成生活費、娛樂費等多個帳戶，然後在各個帳戶進行分配和運用。

ANSWER A

心理帳戶會影響決策

#心理帳戶

在進行跟得失或機率相關的決策時，「**預處理**」這個評估狀況的階段，會對決策帶來影響。我們會在預處理階段，評估選項，決定參考點。

在預處理階段，其中一個評估項目是「**心理帳戶**」（mental accounting）。人們會在心中設置不同的心理帳戶，例如：生活費、娛樂費等等，為了讓成本效益發揮到最大，會把金錢分配在不同的類別和用途。

尚未使用的三千元是「生活費」

當門票遺失時，大部分的人會將之計算為娛樂費用，遺失的門票三千元＋重新購買門票三千元＝六千元，覺得花費太多而選擇放棄。相對的，遺失三千元時，我們會將遺失的錢列入生活費的損失，把重新購買門票的費用當作是新增加的費用，認為將之列為娛樂費是適當的判斷。

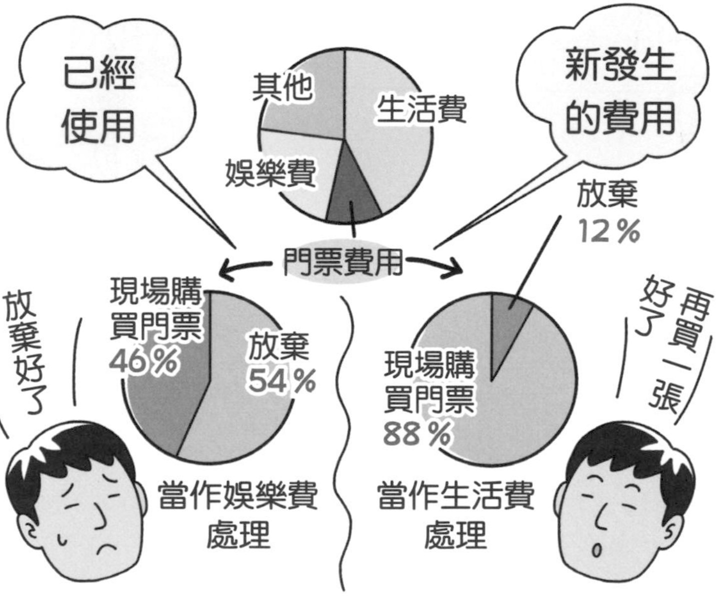

珍惜辛苦賺來的錢

#私房錢效應

收入的來源不同，人們運用金錢的方式也會有所不同。以完全理性的方式來思考，無論金錢是怎麼來的，應該意義都相同才對。

實際上，我們會珍惜使用辛苦賺來的錢。相反的，像是賭博贏來的意外之財，我們容易揮霍、毫不珍惜。這種傾向稱為「**私房錢效應**」（又稱為賭資效應〔house money effect〕）。人們在預處理階段，會將手頭上的金錢賦予意義，然後以此決定用途。

辛苦賺來的錢

歡迎光臨
雖然很想要，但我還是得忍住！
5萬元
5萬元

不勞而獲的錢

彩券
恭喜中獎！
中大獎！
請給我那個！
5萬元

Column

解釋水平理論

原本對活動充滿期待，但隨著時間愈來愈近，卻感到憂鬱

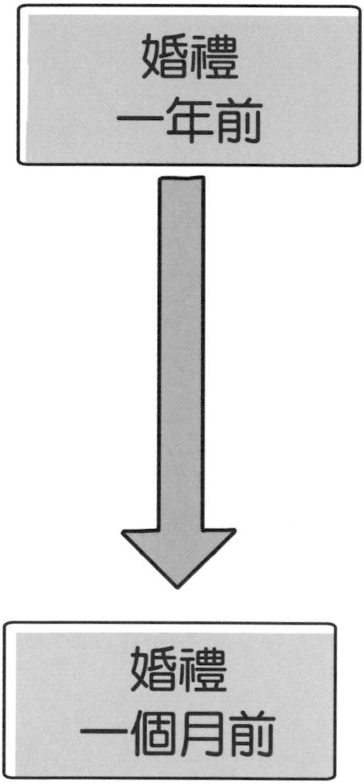

原本滿心期待著婚禮，但當婚禮近在眼前時，卻得到「婚前憂鬱症」，充滿焦慮不安。隨著時間的經過，到底是什麼跟著改變了呢？

明明這麼期待結婚，但隨著婚禮日期愈來愈近，開始萌生各種不安，甚至產生了動搖，最後演變成婚前憂鬱症。這種現象，可以用結婚好處和壞處之時間折現的差異來說明。「時間折現」（time discount）是指「對於長期來看具有高度價值的東西，現在卻感受不到其魅力」，將未來發生之事件的價值，以折現的方式轉換成現在的價值。這可以利用「**解釋水平理論**」（construal level theory）來解釋，此理論認為，心理距離的遠近，會影響我們對於對象和事物的評價。

時間折現的示意圖

如下圖，針對未來發生的事件，人們在當下（今日）感受到的價值，會發生折現。

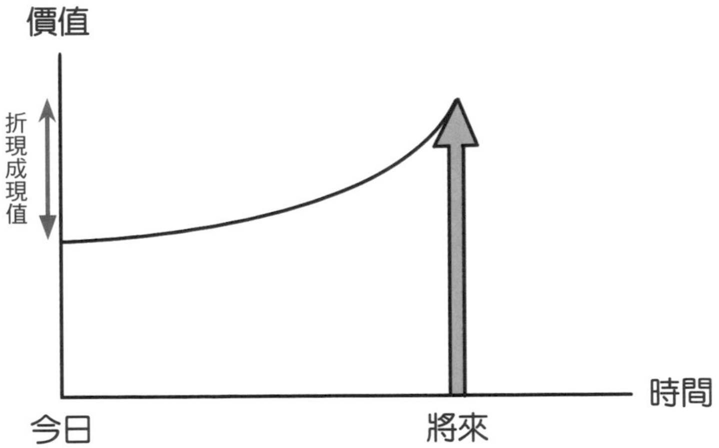

隨著時間經過，解釋也會跟著改變

人們對眼前的獲益及損失的感受較大，對未來的獲益及損失的感受較小。就算是結婚，有些人也會選擇「不結了」。

隨著時間經過，解釋也會跟著改變

解釋水平理論指的是，人們容易針對時間距離較遠的事物，以本質且高層次的方式來解釋；而時間距離較近的事物，則是以具體且低層次的方式來解釋的現象。比方說，「跟伴侶一輩子過著幸福的日子」這個目的的本質，高於「籌備婚禮和姻親兩家族的關係」等等次要因素，因此決定結婚。但低層次解釋的時間折現比高層次解釋還大，因此隨著婚禮舉行的時間愈來愈近，次要因素的價值感受大於目的的本質，偏好發生了反轉。這就是婚前憂鬱症發生的原因之一。

婚前憂鬱症發生的原因

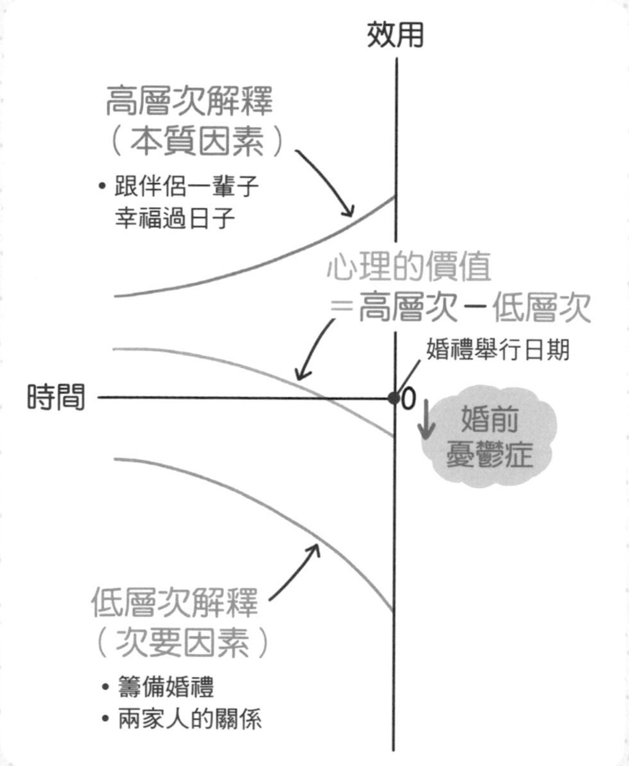
效用
高層次解釋
（本質因素）
•跟伴侶一輩子
幸福過日子
心理的價值
＝高層次－低層次
婚禮舉行日期
時間
0
婚前
憂鬱症
低層次解釋
（次要因素）
•籌備婚禮
•兩家人的關係

當暫時性效用勝出時，偏好就會發生反轉

#現時偏誤

如p.75所說明的，人們會覺得眼前的獲利較大。比方說，明明下定決心要減肥，卻忍不住吃了蛋糕；即便決定要戒菸，看到眼前有菸還是忍不住抽了起來……。這些都是因為**現時偏誤**，使得眼前的價值感覺起來變大，引發偏好反轉的例子，這是非常常見的。

減肥或戒菸會在未來帶來極大的效用，這是不言自明的事，因此只要理性地思考，應該就會選擇減肥或戒菸。但實際上，人們經常輸給暫時性效用的誘惑。**比起未來，更重視現在，因此發生了「偏好反轉」**（preference reversal）。

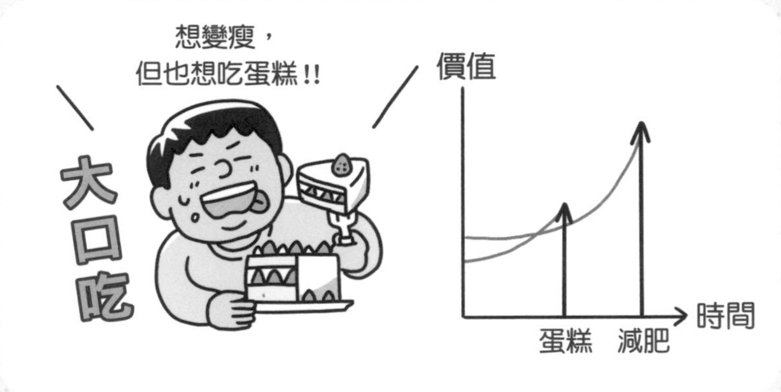
想變瘦，
但也想吃蛋糕!!
大口吃
價值
時間
蛋糕
減肥

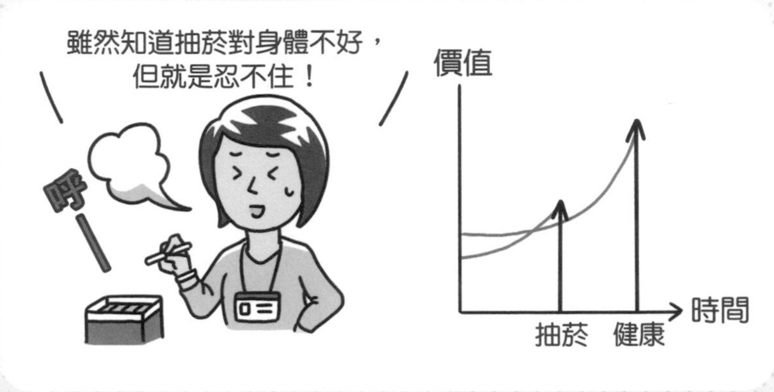
雖然知道抽菸對身體不好，
但就是忍不住！
呼－
價值
時間
抽菸
健康

第 4 章

把理論應用到行銷上！

行為經濟學的應用實例

本章將列舉各種實例，看看前文介紹的行為經濟學理論，如何應用到「行銷」這個領域。行銷是銷售商品或提供服務時所採取的策略。就如行銷學大師菲利普．科特勒所言：「行為經濟學只不過是行銷學的別名。」行銷學和行為經濟學之間的關係非常緊密。行為經濟學是學習行銷學時不可或缺的工具。

覺得489元很便宜……

劈哩啪啦碰
看我的！
489
才四百多元！
SALE!
T恤 全部 489元
好便宜啊！
幾乎
完全沒注意到價格接近500元

沉迷於電視購物……

直送
跳樓大拍賣!!
好好吃！
限時
30分鐘!!
折扣
再折扣！
ooo-xxx
啊，你好！
愈看愈欲罷不能…
下單

耗時費工的鬆餅粉反而大賣

Before

烹調方式簡單的確很好，
但現實並非那麼單純。

After

「輕鬆不費力」，為什麼賣不出去？

只要加水攪拌即可的鬆餅粉，不需要額外準備食材，簡單方便又美味。原本以為這樣的宣傳方式會讓商品熱賣，沒想到商品卻滯銷了。

然而，將宣傳重點改回「必須加蛋和牛奶！」的普通鬆餅粉後，竟然大賣。究竟是為什麼？這個現象跟以下兩個因素有關。

原因1

IKEA效應

耗時費工比較可以感受到價值！

產生高於定價的顧客忠誠度 IKEA效應

IKEA的家具和模型等組裝商品，為什麼這麼受歡迎？其中一個原因，就在於「必須自己動手組裝」。**因為人們會對自己付出勞力的東西，賦予高於定價的價值，對商品產生好感。**前一頁的鬆餅粉例子也是同樣的道理，耗時費工的商品能帶來成就感和原創感，反而獲得消費者的支持。

IKEA所販賣的家具必須由顧客自己組裝，因此這種現象便以其命名，稱為「IKEA效應」（IKEA effect）。

原因2

社會規範

在意家人的評價

家庭也會帶來影響的社會規範

另一個不願意購買速食鬆餅粉的理由，在於人們在意家人對自己的評價。也就是說，擔心家人會覺得自己「偷工減料」。如果只是最大化自己的效用，應該會選擇加水即可的鬆餅粉。**但大部分的人都會在意家人的眼光**（社會規範）。

其實跟家人有沒有覺得偷工減料無關，
人們總是無意識地在意「他人的眼光」。

行銷成功案例 2

只差十一元，四百八十九元和五百元卻天差地遠！

Before

同樣是特價商品，人們對500元和489元這兩種價格的感受差很多。

After

不到二十元的價差，為何能讓銷售額提高呢？

逛街購物時，你應該會發現，店裡的商品價格大多是四百八十九元、一千八百九十元、二千八百九十九元這類以「九」做為尾數的數字。是不是覺得很神奇呢？

同一種商品，定價五百元和四百八十九元，兩者的銷售量天差地遠，但價差只有十一元。究竟是為什麼？

原因1

畸零定價

讓人覺得價格少一百元的魔法數字「489」！

位數最大的數字，會影響價格的整體印象

第一個原因就在於，我們會從最大的位數開始讀起。四百八十九元這個價格最先映入眼簾的數字是「4」。四百八十九元明明很接近五百元，但我們的腦袋卻**強烈覺得這個價格是四百多元**。另外，「489」念起來不僅順口，付了五百元，還會找十一元回來，讓人覺得很划算。

劈哩啪啦碰
看我的！
489
才四百多元！
SALE!
T恤 全部 489元
好便宜啊！
幾乎
完全沒注意到
價格接近500元

讓人覺得很便宜的奇怪尾數價格，
稱為「畸零定價」（odd pricing）。

原因2

聲望定價（威卜蘭效應）

沒有尾數的價格，給人「高級」的印象！

→ P79

剛剛好的價格，給人與眾不同的感覺

有別於尾數「489」的訂價，五十萬元這種剛剛好的價格，給人一種「高級」的印象，這種定價法稱為「聲望定價」（prestige pricing）。

讓人覺得「很貴」也有好處，比方說名牌精品，提高名牌的價格，可以刺激消費者的**優越感和展現自我的欲望**（威卜蘭效應）。如果讓人覺得商品的價格低廉，這個效應的影響就會降低，所以奢侈品的價格多半是剛剛好的數字。

利用聲望定價……
500 萬元
20 萬元
好豪華！想要！
美極了……
名牌人人愛！

名牌精品經常利用聲望定價。但同樣為名牌，二手名牌因追求低價的客人多，所以多半採用畸零價格。

行銷成功案例 3

明治的「THE Chocolate」吸引消費者目光的原因！

這個巧克力的包裝好時尚！
CHOCO

創下銷售佳績的巧克力，其優勢在哪裡？

在休閒零食的領域，也有行為經濟學可以說明的一些成功案例。比方說，明治於二〇一七年開始販售的巧克力「THE Chocolate」。這項商品的最大特色，就在於外包裝

標示出採用了不同產地的可可豆為原料。就像喝咖啡選咖啡豆一樣，消費者購買這項商品時，可以挑選可可豆產地，即便價格比一般塊狀巧克力貴了將近兩倍，發售後大約一年之間就創下了賣出三千萬片的銷售佳績。

此外，商品熱賣的祕密，還不只是因為提供了多種可可豆產地的選擇，還有對商品陳列的講究、吸引人的包裝等等，這些都是站在消費者角度出發的行銷策略。

原因

框架效應

拉大與其他公司商品的差異化程度，帶來全新不同的感受！

→ P64

跨時代的「直式」塊狀巧克力

明治公司的「THE Chocolate」之所以熱賣，最大的因素就在於將商品的差異化做到淋漓盡致。

過去，塊狀巧克力商品是以水平陳列為常態，明治公司則是將商品的包裝設計為直式，促使巧克力以垂直陳列的方式出現，結果在其他巧克力都是一片橫擺的情況下，明治的巧克力便**比其他商品突出，特別顯眼**。

包裝不是使用巧克力的代表性顏色──深咖啡色，而是淡卡其色，時髦的配色在網路上爆紅。

用包裝和多樣化的品項，與同類型商品做出區隔

霧面包裝的高質感，營造出**與眾不同的時髦品味**，框架效應成功地帶來影響，讓這款商品符合高價位的形象。

全部八種的品項也擄獲了消費者的心。與其他同類型缺乏變化的巧克力商品，**做出區隔化**（虛榮效應，參見p.78），使「THE Chocolate」也成為情人節和生日節慶送禮的熱門首選。

這款商品有八個種類，誘導消費者依據喜好選擇，避免跟其他品牌做比較。商品的與眾不同感（虛榮效應），跟其他同類型商品做出了區隔，也成為送禮的熱門首選。

其他優勢……

雷達圖為商品帶來脈絡效應！

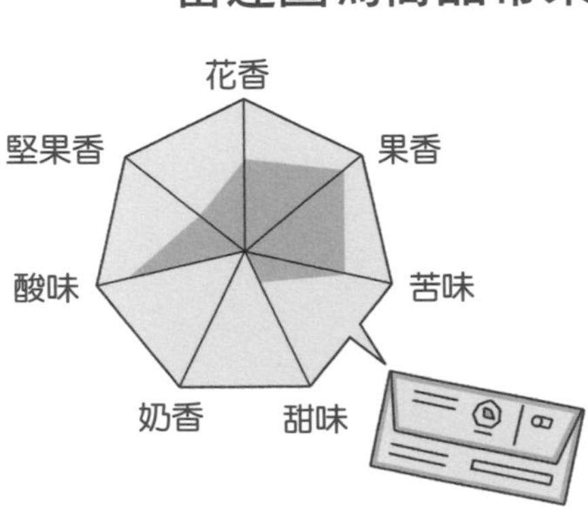

包裝背面印有巧克力風味的雷達圖，例如：甜味、苦味、香氣等等。傳達商品的講究之處，可以讓消費者覺得「品質跟別家的不一樣，價格貴一點也很合理」。

行銷成功案例 4

便利商店吸引消費者的策略

便利商店會定期推出「飯糰一律30元」的促銷活動。人們覺得「全部30元」比「打八折」更划算，是有原因的。

原因1

框架效應

便宜的商品，折扣價感覺比折扣率更便宜！

到超市購買飯糰時，看到「定價三十五元打八折」的標價；另一方面，便利商店的飯糰則是標價「一律三十元」。

請問，哪一種比較吸引消費者？你是不是覺得三十元比較划算？

原因在於，三十元比較容易想像。明明超市的飯糰比較便宜，卻因為打八折這個數字難以想像，而感覺其價格比便利商店的更貴。

→ P64

原因2

押韻的效果（可得性捷思法）

順口溜的標語，好聽又好記

「有7-Eleven真好」、「全家就是你家」，是大家耳熟能詳的廣告宣傳標語，也是促使人們到便利商店購物的原因。

這是順口、易懂又好記的廣告音樂標語（參見p.41）的例子之一，具有押韻效果。也就是，這個**標語容易在人們的大腦裡留下記憶**。所以，當我們想買東西時，腦中就會響起這個旋律，進而走進便利商店消費。

吸引人們的目光！充滿誘惑的電視購物

啊，你好！
愈看愈欲罷不能…
下單

只不過剛好轉到購物頻道看看，卻愈看愈入迷，緊盯著螢幕不放。即便電視上介紹的商品，跟其他商店賣的都一樣，但購物頻道上時時可見讓觀眾覺得「品質更好」、「更划算」的策略。

購物頻道吸引觀眾目光的策略

你有過這樣的經驗嗎？深夜時分，隨便轉到某個購物頻道，看著看著便愈來愈入迷，目不轉睛。

在這個時代，就連年長者也逐漸習慣使用電腦和手機上網購物。但是，為什麼必須特地打電話下單的電視購物，還是深受歡迎呢？電視購物之所以能夠抓住人心，跟行為經濟學的理論有關。

原因1

光環效應

對明星的信賴感，讓人們對商品產生良好印象

→ P59

名人推薦，說服力大增！

首先，吸引觀眾目光最主要的因素，就在於介紹商品的明星。比方說，食品類商品，由形象良好的知名藝人親自品嘗，觀眾**受到他們良好形象的影響**，也會覺得商品「很好吃」；他們吃得津津有味的樣子，也讓人有同感。即便商品售價略貴，觀眾也會視而不見。

陶醉——
嗯，好好吃！

其他手法……

製造脈絡的廣告標語！

福利品！
限定色款！
銷售突破兩千萬台!!

框架效應（亦稱為脈絡效應，參見p.64）也是廣告常用的手法。「福利品」或「限定款」這類表現方式，為商品提供了提升價值的框架，吸引消費者的目光。

原因2

時間壓力
（代表性捷思法）

時間帶來的壓迫感，讓人無法冷靜判斷

人們在時間不充裕的情況下，會簡化思考過程，使用代表性捷思法，也就是只用最具代表性的資訊做決定。當最顯眼的資訊是正面的，我們就會對那項商品產生好感。而「三十分鐘限定，折扣一千元」會帶來時間壓力，使觀眾無法仔細檢視自己是否真的需要那項商品，就進行判斷。

剩下
28分鐘！
什麼！
不趕快買不行！
滴答
滴答
滴答
---- OOO-XXX

原因3

錨定效應

標示基準價格，讓人感覺更便宜

→ P67

利用錨點的降價方式也是原因之一。以銷售一千九百八十元的商品為例，比起一開始就大肆宣傳商品價格為「現在只要一千九百八十元」，在節目中分成兩、三次慢慢降價，比較能夠引起觀眾的購買欲望。這是因為**出示降價前的金額，會使原本的定價變成錨點**。尤其是新商品或限定商品，大家並不是那麼熟悉，觀眾的心中對價格沒有一個標準，因此會誤以為最初看到的金額為合理的價格。

5,980
3,980
1,980
降價
降價
太好了！

行銷成功案例 6

讓減肥方案大成功的策略

從現在起，
可享一週
免費使用！
OX
健身房
如果瘦不下來，
就全額退費！
如果沒有
什麼損失的
話，就試試
看好了……
OOMORI

主打「無效就全額退費！」的減肥方案，
讓人覺得「就算沒效果，也沒什麼損失」，
因此比較願意入會。

原因 1

回報性

因為想回報別人的恩情而採取行動

→ P81

減肥專案提供專任教練，教練一邊鼓勵，一邊協助會員減肥。兩人同心協力地一起努力，就是減肥專案成功的原因之一。

當別人為自己付出時，「回報性」讓我們**產生想回報對方的心理**。為了回報教練對自己的付出，因此想要努力。

再來10次！
抖抖
教練一直陪在我身邊……
我一定要加油！

原因 2

沉沒成本效應

怎樣也放棄不了的兩個原因

→ P63

「**既然都開始了，不繼續就太可惜了**」的想法，是受到沉沒成本效應的影響。接著，在保證「無效就退費」的期間（三十天）持續執行減肥計畫，過了三十天後，就會習以為常而想要維持現狀（**維持現狀偏誤**）是人之常情。

這些因素都讓入會的會員在達到目標之前，不斷地持續下去。

三十天內，無效就全額退費
那……試試看好了
30天後
既然都開始了就再努力一下！
比起變化，人們更傾向維持現狀！

行銷成功案例 7

群眾募資容易取得資金的原因

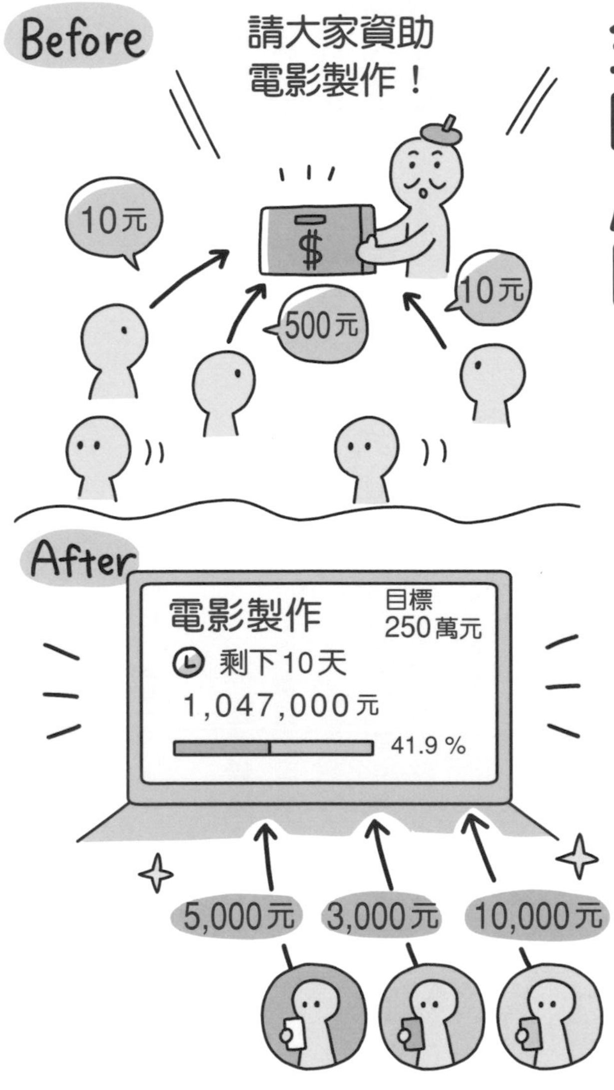
Before
請大家資助
電影製作！
10元
500元
10元
After
電影製作
目標
250萬元
剩下10天
1,047,000元
41.9 %
5,000元
3,000元
10,000元

採用群眾募資的方式，來投資有前景的商品和服務，或協助研發時，籌得的資金經常超過目標金額，這背後有著什麼樣的運作機制呢？

原因1

從眾效應

看得到別人的資助額，讓人也想加入

跟大多數人採取相同的行動，會讓人感到安心，這是人的特性，這應該也是近幾年興起萬聖節風潮最大的原因。**一個人做的話會有點不安，所以人們傾向於配合周遭行動。**

群眾募資也是同樣的道理，隨著募到的資金額愈來愈多，就會對於只有自己沒參加而感到不安。這樣的想法使群眾募資得以募到大量資金。

大家贊助了這麼多錢喔!?
剩下10天
1,047,000元
41.9 %

→ P79

原因2

利他性

貢獻社會的感覺，會降低投資的難度

對於一般的投資，我們會期待得到回饋，但大部分的人都認為「群眾募資不純粹只是投資」。**出資是「幫助有困難的人」的想法，**讓募資活動在沒有給予回饋的情況下，也能募得資金。

從經濟學來看，看似非理性的行為，是因為人們採取了「利他性」的行動。

我也想幫點忙！
我們想製作真正的電影！
○○大學／電影研究會

→ P83

行銷成功案例 8

負面廣告標語引發購買欲的原因

Before
超強
殺菌效果！
嗯
After
砧板上
滿滿都是
細菌！
我們家的
砧板也要清理
清理才行！

只要看電視廣告和報紙廣告就會發現，比起宣傳商品的優點，更多廣告都是宣傳不使用該商品可能會帶來的危險性。為什麼會使用這樣的策略呢？

原因1
損失規避

提供負面資訊，讓人覺得不買是損失

→ P86

比起正面資訊，我們更容易留意並記得負面資訊，這跟我們「盡可能回避損失」的特質有非常緊密的關係。

而且，如果讓消費者有過度的期待，當消費者對商品感到不滿意時，不滿就會增加。因此，**賣方便煽動消費者的恐懼，宣傳使用商品的必要性**。

你家搞不好有倒塌的危險……
什麼！好可怕！
○○建築公司

原因2
聚光燈效應

「這不就是在講我嗎？」，讓人產生加倍的危機感

選擇性知覺讓我們只對感興趣的事物有反應（參見p.42），尤其是除毛劑、生髮水、體香劑等相關領域，使用負面的表現方式非常有效，這是因為**人們總是過度在意外界的眼光**。

這個現象稱為「聚光燈效應」（spotlight effect），傳達「周遭人其實比你想像的還在意你」，會增加人們的恐懼感。

呃……
我的體毛比別人多，有點困擾……
○○除毛劑

第 5 章

行為經濟學的新星！

輕推理論

本章將介紹行為經濟學近年來相當受矚目的「輕推理論」。輕推指的是「利用手肘輕推般的推力，促使人們自發性地採取符合期望的行動」。使用「輕推」，不必強迫對方，便能使對方採取符合期望的行動。第一章p.16的超市地板標誌，便是應用實例之一。輕推理論也經常被大型企業和厚生勞動省（相當於台灣的衛福部及勞動部）所使用，是實用性相當高的理論。

在進入本章之前，我們先來看看輕推理論的代表性概念：「預設值」和「稟賦效應」。

Before

老爸，政府寄來了
這樣的信……
我不要！
有夠麻煩……
繳納期限已逾期。
請盡快
繳納稅金

欠稅未繳的人收到催繳單後，還是不願意繳納稅金。

如果利用輕推理論……

After

這樣啊，好吧！
大部分的人都在
期限內
繳納稅金

改變催繳單內容的表現方式，
讓消極的欠稅者稍微正面看待納稅這件事。

用語解說

#預設值

讓人容易選擇符合期望的選項

在有選擇自由的情況下，**預先勾選期望使用者選擇的選項，稱為「預設值」**（default）。比方說，在網路上註冊會員時，網頁上會預先勾選「訂閱電子報」的選項；選擇電信公司的方案時，方案包含了其他額外選項等等。

當資訊太多時，人們傾向於停止思考，改為採用捷思法。在長文或眾多選項的狀態下，人們難以仔細思考。也就是說，人們傾向於不變更既有的選項，因此選擇了預先設定的預設值。

選擇加入與選擇退出

在是否同意選項的情況，一般分為「選擇加入」與「選擇退出」兩個種類。「選擇加入」是指使用者自己勾選同意選項的形式；另一方面，「選擇退出」則是選項預先設為已勾選，若使用者不同意時，則選擇取消。

若同意本網頁使用您的個人資訊，請在下面方框打勾。
選擇加入
若不同意本網頁使用您的個人資訊，請取消下面方框的打勾。
選擇退出

用語解說

#稟賦效應

無法放開手中物品或狀態的心理

覺得自己手上擁有的，比實際價值還高的心理現象，稱為「稟賦效應」（endowment effect）。這個心理現象跟p.88解說的損失規避相關。失去原本擁有的物品，會讓人覺得「損失」，比起獲得原本沒有的物品，失去的感受比獲得的更加強烈。

稟賦效應對於那些沒有實際得到的物品，也帶來影響，比方說：網路拍賣。一旦出價競標，內心就會覺得那項商品彷彿是屬於自己的，當別人出的價比自己更高時，就會繼續追價，放不了手。

檢驗稟賦效應的實驗

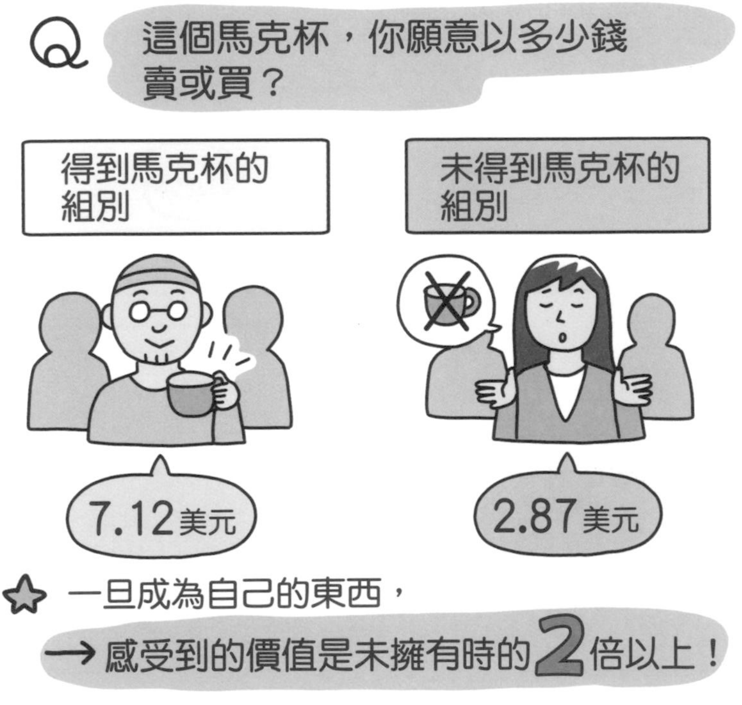
Q 這個馬克杯，你願意以多少錢賣或買？
得到馬克杯的組別
未得到馬克杯的組別
7.12美元
2.87美元
一旦成為自己的東西，
→感受到的價值是未擁有時的2倍以上！

輕推理論
1

\ 員工餐廳的貼心小舉動！ /

用預設值 讓員工更健康！

以谷歌（Google）公司為例

豬排蓋飯 250元
咖哩飯 200元
拉麵 180元
沙拉 各 70元
今天吃咖哩飯
好了!!

在一般的員工餐廳，看著螢幕上的推薦餐點，人們總會傾向選擇自己喜歡的品項，尤其是受到可得性捷思法的影響，會選擇自己最熟悉、經常吃的餐點。

讓「吃蔬菜」成為理所當然

谷歌公司是積極將輕推理論導入公司政策的世界級企業，也將之應用於員工餐廳，成功改善了員工的健康。首先，他們將沙拉吧設置在餐廳最顯眼的位置。如此一來，便**營造出「吃蔬菜是理所當然」的預設值狀態**。

而且，谷歌公司員工餐廳的沙拉吧是免費吃到飽的自助餐形式，讓使用餐廳的員工產生「這是免費的！不多吃一點就虧大了！」的想法，因此大家總是在盤子裡裝滿沙拉。

沙拉
吃到飽
免費！
爽朗
好多種沙拉呀！
今天蔬菜吃到飽！
將沙拉吧設在最顯眼的位置，使之成為用餐的＃預設值

員工拿著裝滿沙拉的盤子，走到肉食區時，盤子裡已經沒有空間了。為了達到這個目的，盤子的尺寸比一般自助餐使用的還要小。不僅如此，公司也減少肉食分量的預設值，讓員工深信「這種分量的肉是理所當然的」。

輕推理論

2

面臨同意、拒絕二擇一時
利用預設值大大提升同意的比例

器官捐贈意願

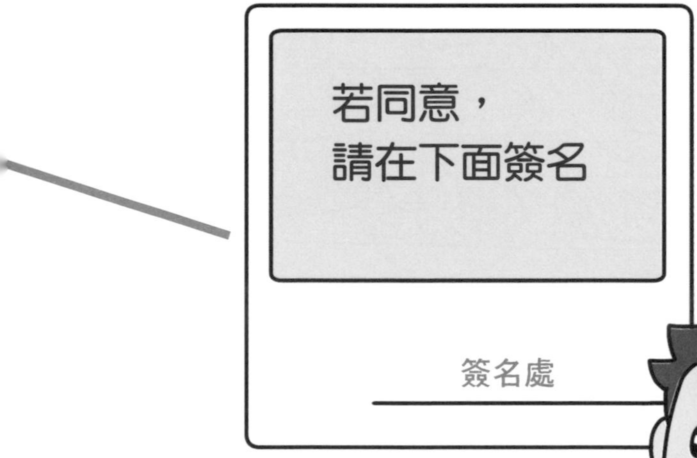
若同意，
請在下面簽名
簽名處

真麻煩耶……

在奧地利，對於器官捐贈意願，原本是採用駕照背面署名同意的形式。但大多數人都覺得簽名很麻煩，因此願意捐贈器官的人少之又少。

將「同意」設為標準設定

在奧地利，駕照和健保卡背面的器官捐贈意願，也利用了輕推理論。

原本器官捐贈是採用同意者簽名的形式，但**現在改以「同意」為預設值，只有不同意的人才需要簽名**。簽名很麻煩，因此同意的人增加了。

此外，還增加了多個「不想捐贈的器官」項目，使資訊量超載。當資訊過多時，人們容易使用捷思法，因此抑制了簽名拒絕器官捐贈的意向。

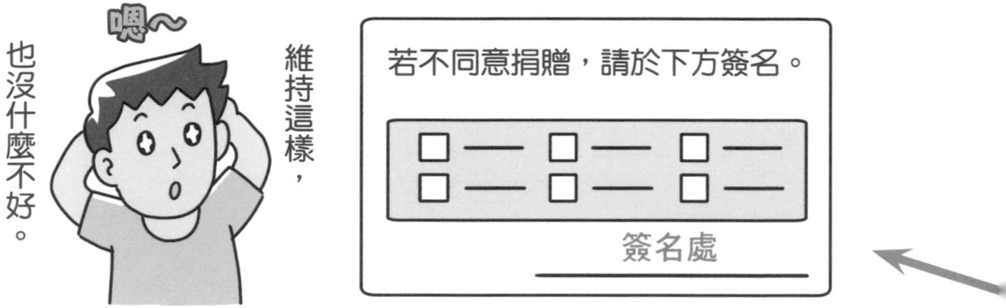

若不同意捐贈，請於下方簽名。
簽名處
嗯～
維持這樣，
也沒什麼不好。

將「同意」設為預設值，抑制了簽名表達不同意的行為。

將「同意」設為 # 預設值

增加選項，製造 # 資訊超載的狀態 （參見 p.36）

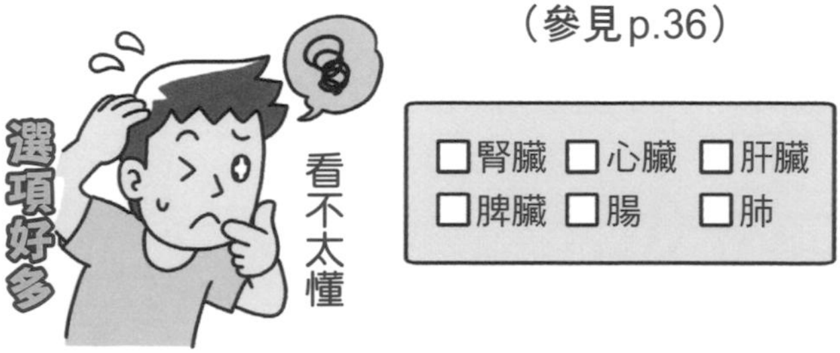

☐腎臟 ☐心臟 ☐肝臟
☐脾臟 ☐腸 ☐肺
看不太懂
選項好多

此外，當選項增加，接收到的資訊也跟著增加時，人們就會放棄仔細思考，因此抑制了簽名選擇不同意的行為。

輕推理論

3

＼對於經常遲交工作的下屬／

利用框架效應讓他遵守交期！

某企業的案例

請於一個月後提交。
好的！

截止日前一刻

根本做不完！
拖延症
（#現時偏誤）

換個講法，預防拖延

「請於一個月後提交！」以這種說法對下屬或同事交辦工作時，對方會受到現時偏誤的影響而拖延作業，結果就是超過期限才交件。利用輕推理論，應該可以解決這個問題。

例如，試試看換另一種說法，將「一個月」改成「四週」，縮小時間單位，讓期限感覺很短。除此之外，請對方每週分批提交，接受委託的那一方就會**將工作視為眼前的任務，讓現時偏誤發揮作用，可避免發生延遲的情況。**

請於〇月〇日前提交。只有四週的時間喔。
好的只有四週……得早點開始作業才行。
利用＃框架效應，改善表達方式（參見p.64）。
除了改變時間單位之外，也設定提交日期，讓人可以具體想像。
請一週交一次，分成四週提交。
不馬上作業的話，可能會來不及……
分次提交，讓＃現時偏誤發揮作用（參見p.75）
讓人覺得截止日很近，可以提高工作的優先順序。

輕推理論

4

\ 對於常被忽略的癌症篩檢通知書 /

利用 雞尾酒會效應 增加篩檢人數

某行政區的案例

完全看不懂這
寫了什麼……
癌症篩檢通知
密密麻麻……
篩檢對象
將寄送採檢包給
篩檢者
拖延症
（#現時偏誤）

讓人覺得跟自己有關，而且事關重大

公家單位的公文也經常使用輕推理論。某行政區將**雞尾酒會效應**應用於寄送給居民的癌症篩檢通知書，**讓收到通知書的人覺得自己就是篩檢對象**。「給您」、「重要」等文句，也能預防通知書淹沒於其他郵件中。

此外，「無法寄發採檢包」的表達方式，會讓收到通知書的人覺得自己已經擁有了採檢包。由於稟賦效應發揮作用，讓人產生不想蒙受損失的想法，而願意接受篩檢。

在信件的收件人寫上「您」，自然而然吸引人們的目光。

致篩檢補助對象
給您的重要通知
這是什麼？

 # 雞尾酒會效應讓人覺得事關重要（參見p.43）。

而且……

 # 稟賦效應發揮作用，接受篩檢的人數增加（參見p.137）。

癌症
篩檢通知
今年若不接受篩檢，便無法寄送採檢包。
不篩檢的話，損失就大了！

雖然不是真的失去什麼原本擁有的東西，但換個說法，可以讓人覺得不做篩檢是一種損失。

輕推理論

5

\ 欠稅者眾多的地方政府 /

利用社會偏好提高納稅率

英國的案例

老爸，政府寄來了這樣的信……
我不要！
有夠麻煩……
繳納期限已逾期。
請盡快
繳納稅金

讓人意識到「他人」的存在

在英國也有利用輕推理論成功提高納稅率的案例。行政機關寄送催繳單給欠稅的市民，但納稅率卻怎麼也拉不上來。因此，催繳單上除了請欠稅者盡早繳稅之外，也在單子上明確記載稅金的實際運作流向，**藉此刺激欠稅者的利他性，使其產生「想為社會做些什麼」的念頭**。

此外，催繳單上也記載著，大部分的人都在期限內繳納稅金的事實。透過從眾效應，讓人產生想跟其他人採取相同行為的念頭，來催促欠稅者繳納稅金。

哼嗯
稅金運用
在這些地方
催繳單又來了喔！

寫明納稅能帶來什麼好處，刺激＃利他性（參見p.83）。

了解到稅金的實際用途，可以感受到納稅能對社會做出貢獻，讓人正面看待繳納稅金。

這樣啊，好吧！
大部分的人都在
期限內繳納稅金

拿出其他人的例子，讓＃從眾效應發揮作用（參見p.79）。

從眾效應讓人捨棄深入思考，「不自覺地」採取和周遭人相同的行為。

輕推理論
6

重新設置菸灰缸

利用從眾效應大幅改善亂丟菸蒂的情況！

英國的吸菸區

「大家都這樣做，沒問題的。」當從眾效應發揮作用時，人們做出的選擇就會欠缺思考。結果就是，即便是錯誤的，人們也會採取跟周遭人相同的行為。

引發正向的從眾效應

在英國有一個案例，某個非政府組織團體利用從眾效應，改善倫敦市街上亂丟菸蒂的情況。

他們把菸灰缸改造成投票箱，然後將菸蒂的投入口分成兩個，在標示牌上面註明「你喜歡哪一隊？」並在投票箱上分別寫了知名足球隊的隊名。結果，**吸菸者開始把菸蒂丟進投入口，進行投票**。看到別人把菸蒂丟進去投票，仿效者一個接著一個，投票的人愈來愈多。據說幾天之後，幾乎沒有人亂丟菸蒂了。

你喜歡哪一隊？
利物浦
或
切爾西
咻！
我投這一隊。
1251
1309
大家都在投票，我們也來投投看。

#從眾效應發揮作用，投票者增加（參見p.79）。

這個案例除了運用從眾效應之外，還應用了#雞尾酒會效應（參見p.43）。人們對於愈感興趣的話題，愈容易注意到。因此，選擇能夠吸引最多人的主題，是最理想的。英國的足球文化盛行，選擇這個主題相當合適。

第 6 章

商場上也很實用！

行為經濟學的應用

本章將介紹如何把前面解說的理論應用於實際生活。行為經濟學的理論可以應用於各種場合，例如：拜託同事處理棘手的工作、再次說服曾經拒絕你的對象等等。除此之外，將第五章介紹的輕推理論運用在自己身上，可以養成閱讀的好習慣、減肥成功或戒除菸癮。行為經濟學的理論不僅有助於商業行銷，也能讓我們的生活變得更充實。

避免吃太多……

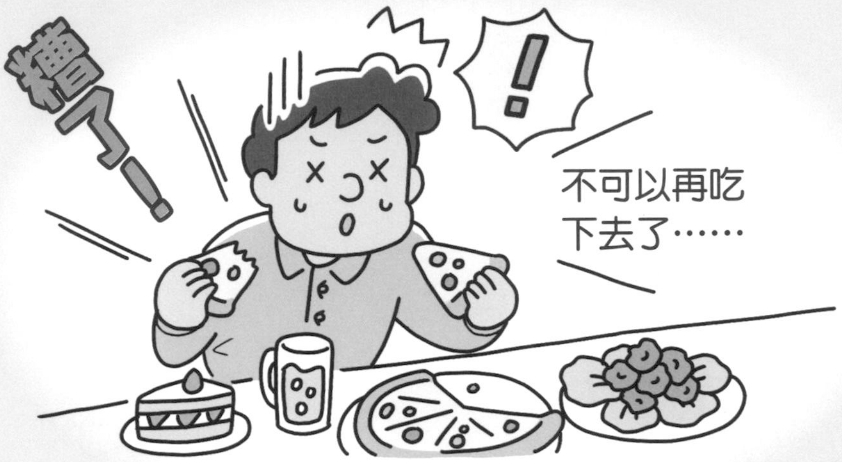
糟了！
！
不可以再吃
下去了……

接近考證照的日期……

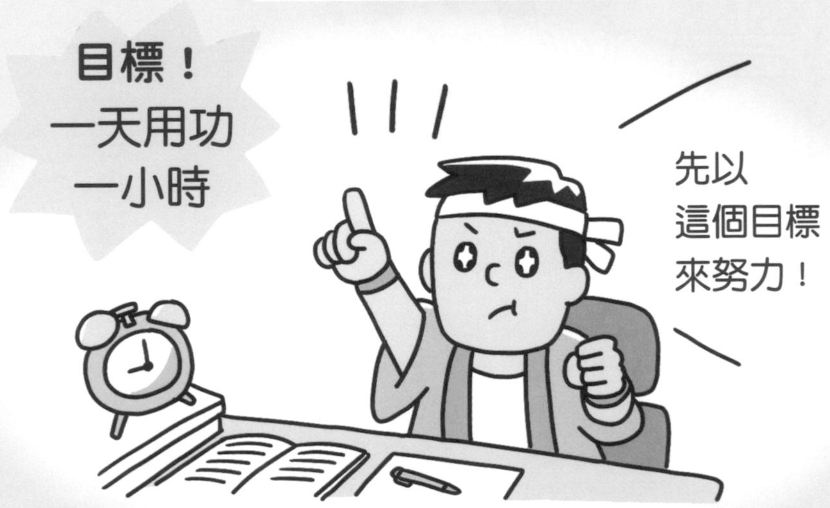
目標！
一天用功
一小時
先以
這個目標
來努力！

案例

1

如果想好好談成一筆生意

哈囉，我是○○仲介的田中。
不安……
……
邋遢～
嗚哇…
亂七八糟
咦？
文件跑到哪裡去了？

要是以一頭亂髮、滿臉鬍碴、穿著皺巴巴的T恤來訪，後續的應對進退也很失禮，這樣的形象根本無法取得對方的信賴。

方法1 利用初始效應（參見P52）

一般人認為，談生意的第一印象非常重要。**由於初始效應，人們日後也會受到第一印象的影響**。也就是說，只要第一印象良好，就有加分效果，即使後面出了點差錯，也能被忽略。保持服裝儀容得體，讓人對你留下「值得信賴」的印象吧。

您好，我是〇〇仲介的田中！
爽朗！
感覺是個可靠的人……
放心

方法2 離開前別忘了峰終定律（參見P53）

結束對話的方式，跟第一印象一樣重要。因為人們在回想過去的事情時，會以場面**最熱絡**以及**最後的印象**進行評價。也就是說，如果在會談結束前，聊些炒熱氣氛的話題，當對方回想起那次的會面時，便會將之評為「聊得非常熱絡」，進而留下好印象。

熱絡
熱絡
那我就先告辭了！
好的！
想再跟他多聊聊……

案例

2

讓對方選擇對自己有利的選項

被上司指派了困難任務的業務員，到底該怎麼做，才能讓客戶選擇符合期望的選項呢？

方法1 利用規避極端的心理，誘導對方做選擇

（參見P69）

在催促客戶做決定之際，想誘導對方按照自己的期望行動時，可以**利用誘餌效應（即規避極端的心理）**。**將誘餌混進選項中，使得期望的選項看起來相對誘人**。此外，誘導對方從中「選擇」，也能抑制拒絕交易的情況發生。

為您精選了三種車款！
最新款式
附衛星導航之特別規格
A 80萬元
B 100萬元
C 120萬元
嗯嗯嗯……
那選B好了。

方法2 虛張聲勢，喚起對方損失規避的心理

（參見P88）

無論如何都希望對方選擇符合我方期待的選項時，以「虛張聲勢」做為最後的手段，也是一種好方法。藉由暗示對方「不聽我的建議是您的**損失**」，誘使對方產生**損失規避的心理**。這個方法不能做得太過分，但是當對方猶豫不決時虛張聲勢，讓對方覺得不選你提供的選項弊大於利，就能有效地輕推對方一把。

緊張、緊張
其實還有其他客人也看上這款車。
可能會被對方先訂走……
那我買了！

案例

3

想請同事分擔棘手的工作時

突然湧入一堆工作，想請同事幫忙，但是要怎麼拜託，才能降低被對方拒絕的可能性呢？

方法1 利用錨定效應，讓負擔看起來不大

（參見P67）

上司委託給你的工作，你想請同事幫忙，這時候可以利用**錨定效應**，先讓對方看看你所承擔的工作量有多大，讓那個分量成為錨點，然後拜託對方做其中一部分，對方就會覺得受你委託的分量很少，藉此增加對方接受的機率。

這個部分可以麻煩你嗎？
薄薄一張
只有這個嗎？
好啊！

方法2 利用羊群效應，促使對方一起參與

（參見P79）

除此之外，讓對方採取跟他人相同行為的方法也很有效。「除了我之外，大家都那樣做……」的狀態會讓人感到不安，因此，委託別人工作時，多加一句話「你也一起」，應該能讓人爽快答應。這跟**從眾效應**相同，不想被排除於團體之外的心理稱為**羊群效應**（herding effect）。

大家都願意幫忙！
這樣啊，好吧……。

被無論如何都想談成生意的客戶拒絕了。這時候，使用行為經濟學的概念，說不定會出現轉機。

案例

4

讓拒絕過一次的對象，回心轉意說好！

方法1 利用重複曝光效應，建立良好印象

重複曝光效應（mere exposure effect）能有效地讓曾經拒絕交易的客戶回心轉意，而且這個策略非常簡單，只需要**多多跟對方接觸**。寄送郵件、廣告信函，或是直接拜訪對方，都能讓**重複曝光效應**發揮作用，讓對方對你抱持親近感，這是因為人們會對曝光次數多的對象產生好感。

DM
又來了……
我又來打擾啦！
你還真有毅力耶……

方法2 提出數據，以激發從眾效應

（參見P79）

利用從眾效應，讓對方配合其他使用者也不失為一個好方法。單純說「大家都選我們家的產品」也是有效果，**但提出具體的數據，例如－九〇％，效果更好**。

沒錯！
R-2
飲料
有9成的客人選擇R-2飲料!!
這個東西竟然這麼厲害！

輕推自己一把！

成為理想的自己 ❶

目標 ①

打造健康的身體

相信任何人都有過這樣的經驗，為了減肥，戒甜食、上健身房運動，卻無法持久，怎麼樣也達不到目標。「管理自己的行為」是人生的終極課題。在這裡想為大家介紹，如何應用第五章輕推理論的方法，藉由建構好環境，讓自己自然而然地採取行動，這是達成目標的捷徑。

課題1　想瘦下來，但總是吃太多

解決對策1　讓吃太多的壞處視覺化

明明正在減肥，卻在深夜時刻買了甜點回家，喝過酒之後又吃了拉麵，想必各位應該有過類似的經驗吧？這時候，建議你可以**穿小一號的衣服**。衣服恰到剛好的緊迫感，讓人明顯感受到發胖的危機，如此一來，應該就能抵抗美食的誘惑。

課題2　想戒菸，卻總是忍不住來一根

解決對策2　建立好環境

要是把香菸擺在隨手可得的地方，就很難戰勝誘惑。因此，想戒菸的話，第一步就是不要購買，不要把香菸放在身邊。然後，必須把香菸**放在拿取不方便的地方**，讓抽菸變成一件難事。只要創造一個無法隨手取得香菸的環境，就可以減少無意識抽菸的情況。

想抽菸，
但家裡沒菸了。
算了！
還要出去買，
太麻煩了。

課題3　無法養成運動的習慣

解決對策3　利用網路社群

想去慢跑，卻提不起勁，怎樣也無法開始進行，就算開始了，也是三分鐘熱度，很快就中斷了。這時候，利用**網路社群跟朋友報告進度**，是非常有效的方法。例如：「明天要去跑步」、「今天去跑步了」，刻意向周遭朋友報告，便能夠產生「都跟別人說了，不做不行」、「為了跟大家報告進步的情況，不去慢跑不行」等念頭來督促自己。

叮咚！
○○
按了讚！
今天也跑了5公里
一天前
今天跑了4公里

輕推自己一把！

成為理想的自己 ❷

目標 ❷

提升專業技能

自我管理，一直都是人生終極的課題。各位應該非常清楚，即便想考取證照、獲得升遷，人卻容易貪圖眼前的享樂或是蠅頭小利。讓我們看看，如何利用輕推理論來提升自己的專業技能，邁向理想中的自我。

課題1 考不到證照

方法1 訂定小目標

即使想考取證照，但一想到合格這個最終目標是如此遙遠，就覺得提不起勁。這時候，請設定一個只要稍微努力，馬上就可以達到的目標，例如：「**一天用功一小時**。」每天只要努力完成小目標，最後這些成就感就可以讓我們達成大目標。

目標！
一天用功
一小時
先以
這個目標
來努力！

課題2 無法養成閱讀的習慣

方法2 自我宣告罰則

想養成閱讀的習慣時，向朋友提出沒做到時的罰則聲明，也是一個好方法。比如：「一個月看不到四本書的話，我就**請你吃燒烤**」、「若一天看一頁的習慣中斷，就**捐出一千元**」等等，跟朋友宣誓目標和罰則。

同時意識到朋友和罰則，閱讀的幹勁應該會源源不絕地湧現。

一個月看不到四本書的話……
我就請你吃燒烤！
我發誓！
喔，這樣嗎？
現在已經快月底了耶。

課題3 對工作提不起幹勁

方法3 準備禮物犒賞自己

如果怎麼樣也提不起勁，可以先決定達成目標時如何犒賞自己。例如：「獲得升遷的話，就去**環遊世界一圈**」、「拿到激勵獎金後，就去**買那支很想要的手錶**」等等，訂定一個能鼓舞自己的目標。

即便現在覺得非常辛苦，但只要想到達標後的享樂，應該就會充滿幹勁。

好，拚了！
環遊世界一圈票券
犒賞自己
充滿幹勁！

用語集

增進對本書用語的理解，該用語的對應頁數有更詳細的說明。

◎1劃

IKEA效應 ………… 112頁

對自己付出勞力的東西產生情感，覺得該商品物超所值的心理現象。

◎3劃

小數法則 ………… 46頁

以少量的樣本數量、容易得到極端結果的資料，做為分析的基礎，因而得到主觀且極端的結果。

◎4劃

互惠性 ………… 81頁

期待對方會有所回報，因此待人親切的特質。

心理帳戶 ………… 102頁

我們會無意識地將花費分成多個帳戶，為了讓成本效益發揮到最大，把錢分配給不同的類別和用途。

◎5劃

代表性捷思法 ………… 44～53頁

決策過程中，認為典型的特徵代表了整體，

直覺地進行判斷。

可得性捷思法……38～43頁

容易高估熟悉事物的頻率和機率的決策過程。

◎6劃

光環效應……59、70、126頁

受到顯著特徵的吸引，因而忽略了正確地評價其他特徵。

回報性……81、129頁

當別人為自己付出時，就想要回報對方的心理，為社會偏好的一種。

安慰劑效應……61、70頁

即便是安慰劑，若病患深信其為有效藥物，服用後，症狀便能獲得改善的現象。

◎7劃

利他性……82、131、147頁

不求回報，只為了有助於對方效用的提高，能帶來純粹快樂的特質。為社會偏好的一種。

均值回歸……48頁

產生偏離平均的結果之後，會出現接近平均結果的統計學現象。

沉沒成本……62、63、129頁

不想浪費已經投入且無法回收的成本（即沉沒成本），即便明白繼續下去只會損失更多，還是停不了手。此現象也稱為「協和號效應」（Concorde effect）。

重複曝光效應……159頁

對曝光次數多的對象產生好感。

風險偏好……91頁

當期望值相同時，人們傾向於追逐風險。展望理論認為，在損失的情況下，人們的行動偏向風險偏好。

風險規避……90頁

當期望值相同時，人們傾向於選擇可以確實得到的利益。展望理論認為，在獲利的情況下，人們的行動偏向風險規避。

◎10劃

展望理論……84～103頁

此理論主張，決策由「編輯階段」和「評估階段」兩個階段所組成。在編輯階段，理解選項後，決定當作基準的參考點，此階段亦稱為「預處理」。之後，在評估階段藉由價值函數計算得失，透過機率權重函數個別計算機率。依據計算的結果，決定後續採取何種行動。

峰終定律……53、153頁

人們對整體事件的記憶，容易受到事件高峰和終點的印象所影響。

時間折現……105、106頁

將未來事件折現，換算成現在的價值。

時間偏好……70～75頁

相對於未來，人們傾向於更重視現在。

時間壓力……127頁

藉由時間的限制，帶來壓力的行銷手法。人

◎12劃

期望值……86頁
將某個試驗可得結果的值，乘上可能發生機率後所得的值。

虛榮效應……78、121頁
「不想跟別人拿一樣的東西」的心理發揮作用，因而發生愈稀有的東西，愈能激起人們購買欲的現象。跟「從眾效應」完全相反。

◎13劃

損失規避……88、133、137、155頁
金額相同時，我們對「損失」的感受是「獲得」的二．二五倍大，因此相對於追求獲利，人們更偏向規避損失。

畸零定價……116頁
跟一千元或兩千元這種漂亮的整數價格相比，四百八十九元或一千八百九十九元這類有尾數的價格，感覺起來比較便宜。

稟賦效應……137、145頁
覺得自己手上擁有的物品之價值，比實際的價值還要高。

經濟人……22頁
傳統經濟學對於經濟社會裡人們行為的基本假設。傳統經濟學假設，經濟人的決策是極度理性、高度自律且超級利己。

解釋水平理論……104～107頁
解釋水平理論認為，心理距離的遠近會影響評價。心理距離較遠時，會以本質且高層次的方式來解釋；而心理距離較近時，則是以具體且低層次的方式來解釋的現象。

資訊超載……36、141頁

在利用系統法進行判斷時，資訊過多的狀態。

預處理……85、100～103頁

展望理論中，評估狀況的階段。於此階段所決定的參考點，會對之後的決策帶來影響。等同於「編輯階段」。

預設值……136、138～141頁

預先設定好的選項或狀態，藉此讓對方選擇期望的預設選項。

◎14劃

對比效應……95頁

因前後對比，而對商品的印象有所改變的心理現象。

維持現狀偏誤……129頁

人們期望維持現狀勝於變化的心理傾向。

聚光燈效應……133頁

以為他人其實非常關注自己的錯覺。

誘餌效應……69、155頁

在選項當中混入誘餌般的選項，讓其他選項看起來相對誘人。

輕推理論……134～149、160～163頁

利用手肘輕推般的推力，促使人們自發性地採取符合期望的行動。

◎15劃以上

價值函數……85～91頁

表示我們對得失的主觀感受。面對得失，

人們是以參考點為基準做判斷，「損失」比「得到」的感受更強烈。在獲得的情況下，人們規避風險；在損失的情況下，人們傾向追逐風險。

機率權重函數……85、96～99頁

表示我們對機率的主觀感受。人們容易高估低機率，低估高機率。

選擇性知覺……42、133頁

我們只對自己有興趣的資訊產生反應。

聲望定價……117頁

能夠讓消費者感受到身分地位的高單價商品，例如：名牌精品。五十萬元這類剛剛好的價格，能夠營造出高級感。

錨定效應……57、67、127、157頁

接收到的數值和資訊成為錨點，進而影響判斷。

雙重歷程模式……33頁

此理論認為，人在進行資訊處理時，會交叉使用直覺型的捷思法，以及深思型的系統法，這兩種思考模式。

雞尾酒會效應……43、70、144、149頁

在吵嘈的環境，也能清楚聽見對方說的話，為選擇性知覺的一種。

驗證性偏誤……56頁

因選擇性知覺，只蒐集肯定自己意見的資料，做出對自己有利的判斷。

秒懂行爲經濟學——
從人性下手，掌握非理性消費，行銷無往不利！

作　　者——阿部誠（Abe Makoto）
譯　　者——謝敏怡
特約編輯——洪禎璐

發 行 人——蘇拾平
總 編 輯——蘇拾平
編 輯 部——王曉瑩
行 銷 部——陳詩婷、曾曉玲、曾志傑、蔡佳妘
業 務 部——王綬晨、邱紹溢、劉文雅

出 版 社——本事出版
台北市松山區復興北路333號11樓之4
電話：(02) 2718-2001　傳真：(02)2718-1258
E-mail：andbooks@andbooks.com.tw
發　　行——大雁文化事業股份有限公司
地址：台北市松山區復興北路333號11樓之4
電話：(02)2718-2001
傳眞：(02)2718-1258
美術設計——COPY
內頁插畫——松尾達
內頁排版——陳瑜安工作室
印　　刷——上晴彩色印刷製版有限公司
2022 年 06月初版
定價　420元

SAKUTTO WAKARU BUSINESS KYOUYO KOUDO KEIZAIGAKU
supervised by Makoto Abe

ISBN 978-626-7074-09-1
ISBN 978-626-7074-10-7（EPUB）

國家圖書館出版品預行編目資料
秒懂行爲經濟學——從人性下手，掌握非理性消費，行銷無往不利！
阿部誠（Abe Makoto）／著　謝敏怡／譯
---.初版.一 臺北市；本事出版：大雁文化發行，2022 年 06 月
面　；　公分.－
譯自：サクッとわかる ビジネス教養 行動経済学
ISBN 978-626-7074-09-1（平裝）
1. CST: 經濟學　2. CST: 行爲心理學
550.14　　　　111004114